無名氏看世界：社會企業 **7**講

U0130457

書名：**無名氏看世界：社會企業七講**

作者：趙立基

總編輯：尹健文

校編：蘇仕

美術編輯：尹建銘

封面設計：葉桂榮

美術構成：劉賢峰

出版發行：香港新華書城出版有限公司

地址：香港九龍紅磡鶴園街 2G 恆豐工業大廈第一期 4 字樓 A1J 室

印刷：香港美迪印刷公司

版次：2023 年 10 月第一版第一次印刷

國際書號 ISBN :978-988-70105-0-0

售價：HK$180.00

無名氏看世界：社會企業7講

趙立基 著

香港新華書城出版有限公司

目錄

趙立基 (Jimmy) 對於弱勢社群的需要尤以關切，自小患有小兒麻痺症的他，原以社工為其職業，其後更積極推動社會企業、社會創新及跨界別協作以解決社會問題。他曾於多個界別工作，例如香港特區政府，顧問及培訓公司、社會服務機構及大學等。

Jimmy 熱衷於寫作及公共服務，曾是勞工及福利局的社區投資共享基金委員，香港醫院管理局新界西聯網臨床及研究倫理委員及民政事務局公共事務論壇的成員。現時他為香港社會企業總會理事、社會企業研究院行業顧問、香港肢體弱能人士家長協會榮譽顧問等。

他經常獲邀出席不同的專題論壇作講者或主持人，包括：2014年由諾貝爾和平獎得主尤努斯教授在孟加拉舉辦的社會商業會議 (Social Business Day) 作閉幕的演講嘉賓及 2015 年在義大利舉辦的世界社會企業論壇，分享他對社會企業法律的見解，推動大眾達成 SDGs 目標，共同消除貧窮，扶助弱勢。

現為香港復康力量總幹事及魅力薈萃有限公司創辦人，他在英國修畢社會政策並獲獎學金完成社會工作碩士。他更在 2003 和 2009 年再獲頒授仲裁及爭議解決學文學碩士及法律博士。

致 謝

　　這本書得以完成，實在有賴不少好朋友的鼓勵及支持。首先，80 年代在英國候城一起讀書的朋友羅金義教授的激勵，才有那勇氣執筆開啟這本書的旅程。

　　必須要向朱家儀 (Kelly) 致謝，她在本書的製作過程中，全心全意地協助剪裁、校對參考資料、拼貼及翻譯，付出了極多的時間及精力。此外要感謝鍾寶珊 (Sannie) 為第六講蒐集資料及撰述，並且提供個案分析，使一個對財務知識極貧乏的我，能完成第六講的內容，另外更要多謝葉桂榮義務地設計這書的封面。如果不是他們三位的鼎力支持，本人實在難以完成這艱巨工程。

　　本書中引用了不少在社企路上認識的志同道合好友的文章或分享會的資料，特別是紀志興博士的「社企三部曲」及林雪瑩 (Katherine) 在豐盛學會有關鄉村銀行與傳統銀行的比較分析等。他們兩位開啟了我對社會企業興趣之門。

　　此外感謝趙彤 (Sunnie) 在 2014 年帶領我們前往孟加拉參加由諾貝爾和平獎得主尤努斯教授 (Dr. Muhammad Yunus) 所主辦的社會商務日 (Social Business Day)，讓我有機會認識一群有熱誠於社會企業的朋友，並有幸會見社企界巨人尤努斯教授及鄉村集團的同工，認識他們如何利用社企來推動世界以至系統性的改變。雖然各團友在 2014 年後各有各忙，但相信這次旅程對我們人生有着一定意義和啟迪。

　　最後，感謝讓我有機會參與推動社會企業的多間機構，包括香港社會企業總會、豐盛社企學會、社企民間高峯會、仁人學社、香港神託會及香港復康力量等。

吳宏增 序

香港社會企業總會會長

Jimmy 是我一位社福界及社企界的老朋友。認識 Jimmy 多年，他既有恫瘝在抱的社會工作者性格，亦是一位紮紮實實的社會企業家。Jimmy 作風低調，幾年前我才知道他原來也是一位擁有法律博士學位及在大學教授社會企業課程。Jimmy 經常在不同媒體發表文章，這次以社會企業為題出版新書，對他來說，應該是得心應手。

社會企業並非新生事物，亦不是個深邃的社會議題，但在香港論述社會企業及相關概念的文獻書籍並不多。Jimmy 過往曾長時間擔任非政府機構主管，曾成功開辦社企生意，對社企運動的歷史背景，概念思潮的緣起與變革，均有相當的掌握及體會，憑他豐富的切身經驗，相關的學術背景，撰寫有關社會企業書籍，合適不過。

Jimmy 這一本「無名氏看世界：社會企業七講」，深入淺出，內容兼收並蓄，適合對社企感興趣，希望對社企有基本認識的朋友閱讀。本書第二講，比較歐美及亞洲各國在社企方面的法規及發展狀況，扼要全面，是一個恰到好處的入門章節，第六講關於社企的財務管理，簡單平實，對有意經營社企的朋友來說，十分受用。

Jimmy 是香港社會企業總會的資深理事，多年積極參與總會的事工。他出版新書，我既要向他致賀，亦對他在香港社企界發展所作的貢獻，致以深切敬意。

葉湛溪 序

香港復康力量會長

在 2018 年，我們有幸邀請了 Jimmy 趙立基先生為香港復康力量總幹事。他的主要任務乃是為本會社會企業及就業服務作檢討及進行改善的工程，以達至財務上的收支平衡。他在短短的三年時間內完成了這任務。

正如 Jimmy 這書，「無名氏看世界：社會企業七講」，討論到香港社會企業發展及殘疾人士就業的分析，本人甚表認同。特別是香港復康力量是以服務殘疾人士為己任，更倡導平等就業。追溯香港社企政策的初心和目標，是透過社企提供就業於弱勢社群，使他們可以脫貧及融入社會。可是現時的成效並不顯著，不少殘疾朋友仍然難以找到工作而生活在貧窮線以下。就如 Jimmy 所言，社會只要不以刻版的眼光，認定殘疾人士只是福利受惠者，反而是可貢獻社會的份子，透過培訓、科技的輔助及鼓勵，殘疾的朋友絕對是香港勞動力的一支生力軍。

這書從不同的層面剖析社會企業，像萬花筒般，提供多元的角度及包羅萬有資料於讀者。這書先從社企發展的淵源開始，再介紹不同國家在支援社企的政策，讓讀者了解到政策的效果；跟着分析孟加拉共和國及香港的社企發展的特色；隨後更以實務的角度，討論如何建立社會企業及財務管理；最後的總結乃對社企的批判及反思。整本書內容扼要及多角度，適合對社會企業發展有興趣及有心創業的朋友閱讀，這本書將有助他們了解社會企業的歷史及實踐，甚至日後如何投身社會企業的神聖工作。

最後要恭賀 Jimmy 完成這一本書，並且相信這書對香港社會企業界及青少年有一定的幫助和影響。

趙彤 序

Lensational 香港區董事及 Bongo Booster 品牌策劃公司創辦人

感謝 Jimmy 邀請我為他的新書撰寫序！一提到 Jimmy，通常我都會在名字後面加一個「Sir」字以表示我對他的欣賞與尊重，在社創路上 Jimmy Sir 一直是我的良師益友。

我在 2012 年加入社會創業行列，剛剛大學畢業並懷著「改變世界」的憧憬，有幸能夠一邊在謝家駒博士及容蔡美碧女士共同創立的仁人學社打工，一邊學習以商業模式經營社會企業。及後 1 年，我就結識了 Jimmy Sir，他沒有那種高高在上的架子，同時展示領袖活出的真性情，我還記得，那些 Jimmy Sir 一直伴我在社創路上走過的青蔥歲月，他用實際行動灌溉我的創業種子，最終讓我慢慢成長，往後自信地創立自己的公司，用不同的方法為社會出一分力。

剛出茅廬的我戰戰兢兢地跟隨著一行十人的哥哥姐姐飛到孟加拉開發路線，率先與尤努斯中心 (Yunus Centre) 達成合作關係，定期帶領香港來自不同行業的社會創業者到鄉村銀行及鄉村創投項目參觀學習，更有機會與諾貝爾和平獎得主穆罕默德·尤努斯教授深度交流，成為香港首批到訪孟加拉的學習交流團。我萬萬沒想到 Jimmy Sir 會願意擔任 2014 年考察團的榮譽團長，協助我帶領團隊精英一起到貧窮落後的孟加拉展開為期十天的考察，期間亦促導團員之間的所思所學，使得他們回港後可展現自己的多面向，以行動去為社會帶出正面的影響，當中有幾位團員後來真的從商業世界，踏進了社會企業或社會創投板塊，默默地貢獻自己，讓世界變得更美好和美麗。

《無名氏看世界：社會企業七講》，這本書以不同角度去剖析社會企業，篇章引用大量客觀及理性的數據去辯明社會企業可持續性，當中或多或少都反映到不少社會創業者遇到的迷惘，也提及到營運社會企業時值得思考的地方。Jimmy Sir 有膽識地在書中道出他個人對社會企業的看法，相比光以理論說話，他對這幾年社會企業發展的認同與批判就是整本書最值得一讀再讀的地方。這書的名稱為《無名氏看世界：社會企業七講》，除了點出 Jimmy Sir 為善不欲人知的自身價值觀，當中也包含著他對社會的期盼 - 希望社會上的無名氏一起持續共創美好永續的未來。

廖珮而 序

社會企業研究院總幹事

筆者 Jimmy 是我們社會企業研究院的行業顧問，多年來不僅積極推動社會企業、社會創新及跨界別協作以解決社會問題，更利用他的法律見解在不同論壇中推動大眾，達成社會關愛目標，是社企界難得的跨域人才。

這本書從時代性、政策性到實用性三方面探討社會企業如何在新經濟的資本主義下開展並產生作用。書中第一章節「從狄更斯到社會企業」提到社會企業的興起源自肩負解決在資本主義下社會問題的使命，而最後一章節亦帶領讀者思考在現今制度下演化的社會企業是否資本主義的延伸—新自由主義，首尾呼應地勾劃出在歷史洪流下的社會企業不同形態，以古鑑今。

透過參考多國情況，筆者多角度地大談香港社會企業於未來的發展走勢並如何令社會上不同持份者共同響應，打破現狀壁壘，達至雙贏局面。相信不論政府、商界、學術界或是民間團體都能從這書中得到啟發。

「凝聚市場力量，締造社會關愛」是社會企業研究院的宗旨，我們期望各企業家能通過此書了解如何更進一步成為社會企業家，眾志成城，共同建立一個更和諧共融的社會。

「從無名氏看世界」這本書的標題令我想起，中國歷史上不少無名氏的詩詞，雖沒有作者，卻激動人心，千古不衰。在此，祝願 Jimmy 那份對人類理想世界的探索和追求精神，能透過此作，流傳千古。

導言：
從無名氏看社會企業

導言：從無名氏看社會企業

在本書起草的時候，正值 2019 年新冠病毒疫情肆虐全球，世界各國都深受其影響。作為亞洲國際都會的香港在醫療方面都優於許多亞洲國家，但在 2022 年卻被第五波疫情重創，最高峰時每日新增感染個案高達 50,000 宗案例。大部分長者及殘疾人士院舍成了重災區，從新聞圖片中，我們看到急症室及病房外病人的情況，實在令人心痛。不少家居隔離的人士，特別是長者及殘疾人士，缺乏藥品及糧食，卻又無從求助，這無疑是香港自開埠以來最艱難的時刻之一。而第五波疫情更影響各行各業，其中聘用弱勢社群為主的社會企業，除要克服因疫情導致大量員工病假出現的人手短缺問題，更要面對著惡劣的經營環境。幸好艱難逐漸過去，香港正在一步一步地復原中。

國際社會方面，俄羅斯與烏克蘭的戰爭已持續一年，仍未見和平曙光，更使世界再次陷於動盪的邊緣。戰爭已經造成數以萬計的烏克蘭人民逃離戰亂的家園，向各國尋求庇護，刻畫出一幅幅慘絕人寰及家破人亡的畫面。歐洲及美國等國對俄羅斯實行的經濟封鎖也引起了整個世界經濟的波動。或許從人類文明開始，我們就無法避免天災人禍及種種難以理解的人為問題。但是，這是否是人類命運所致及不可改變；還是可以從另一角度看待，努力彰顯人類不斷改進及追求理想世界的毅力呢？

回到這本書的主題「社會企業」(Social Enterprise)，在歐美已經發展了頗長一段時間。有些學者認為社會企業是一種公民運動，透過公民自身的參與及以營商的行動去解決社會問題，從而使週遭的社會更趨向美好。因此，參與者常被稱為改革者 (Change Maker) 或社會企業家 (Social Entrepreneur)。當然，社會企業一詞在不同的時空及地方都有不同的詮釋，例如歐洲大陸稱之為社會經濟 (Social Economy)、社會合作；美國稱之為社會創新 (Social Innovation)、人民企業及社會商業 (Social Business) 等等。不同地域的政府對社會企業的看法也

有所不同，有些政府採取積極的、從上而下且大力推動的政策，也有些政府則讓民間自行發展，從下而上。然而，這種運動是否另一種虛幻的理想主義，像螳臂擋車般去抗衡資本主義所帶來的種種社會問題呢？

相較於歐美，亞洲的社會企業起步較晚。以香港、新加坡和南韓為例，這些地方只發展了約 20 年左右。後來，越南、泰國、柬埔寨等國也相繼加入，但各國都採取不同的政策或民間力量來支援社會企業的發展，以解決社會問題或實現經濟目標。孟加拉的鄉村集團銀行和社會企業為我們提供了一個示範。

在香港，社會企業一詞大約在 2005 年至 2007 年間才逐漸進入大眾社會。主要原因是非政府組織資助模式的改變，以及前任特首曾蔭權先生的政策支持，希望透過社會企業減輕貧窮問題，並通過民政事務局領導和建立不同類型的基金來促進社會企業的發展。在 2007 年之後的幾年裡，政府施政報告經常提到社會企業，政府在香港社會企業的發展中扮演了重要角色。但隨著時間的推移，政策的成效和問題也值得我們進一步探討。

筆者在過去十多年中有幸參與營運社會企業，例如在香港神託會的"大茶壺"中聘請精神病康復者在學校小食店工作。協助推動本地社會企業的發展，還有，作者參與籌備每年的香港民間社會企業高峰會，推動各區的地區民間高峰會，以及在 2016 年在香港舉辦世界社會企業論壇的籌備工作。此外，作者還有幸在香港理工大學和香港中文大學教授社會企業管理課程。基於以上參與和體驗，作者希望透過出版一本有關社會企業的書，與更多人分享自己多年來從事社會工作和社會企業的心得。因為社會福利和社會企業都圍繞著同一個問題：我們應該如何理解個人、社會和環境之間的相互關係，以及如何應對不同的社會問題。

這本書源於一個生於戰後六十年代的孩子，他如何了解這世界開始……

筆者出生於上世紀六十年代的香港，像大多數家庭，我的父母也是從內地來到香港。當時香港的經濟仍未起飛，經濟和民生情況非常惡劣。筆者一家人住在當時石硤尾七層樓高的徙置區，筆者在一歲時不幸患上了脊髓灰質炎病毒引起的小兒麻痺症，導致下肢傷殘不良於行。但是，在我眼中的世界仍然是美好的。

上世紀 80 年代初，筆者和七位同學到內地旅遊，沿著西南線進發，途經衡陽、桂林等地。這是我第一次踏足內地，當時國家經歷了文化大革命，重新開放和發展經濟。我在旅途中看到了內地貧窮和落後的一面，心情十分沉重。還記得當時乘坐的柴油火車經過一個小站時，看到一群衣衫襤褸的小孩在行乞，這讓我對當時的國家和社會問題感到非常憂心。80 年代末，筆者去了英國攻讀社會政策，同樣是乘坐火車，從火車上往外看，沿途的城市和鄉鎮都井井有條。回想起第一次回到內地時看到的那一群衣衫襤褸的小孩，感慨在同一個地球上，人的遭遇可以有巨大的差異。幸好現在已經是 21 世紀了，國家實行了精準扶貧政策，昔日貧窮情況已經得到了很大的改善。

歐洲社會雖然富庶，但罪案頻仍、種族歧視嚴重、離婚率高企，這些問題在全球各地都存在。九十年代，柏林圍牆倒下，冷戰表面上好像是結束了，但世界局勢變得更加不穩定，出現了波斯灣戰爭；盧旺達大屠殺；九一一事件；敘利亞內戰，以及現在俄羅斯派兵進入烏克蘭等問題。世界總是充滿著紛爭和問題。

自人類有歷史以來，就一直渴望著更好的生活環境和理想的世界。從悲觀的角度來看，這是因為人類的歷史總是不完美；天災人禍、戰爭不斷、貧富差距大，權力和財富集中在少數人手中。但從樂觀的角度來看，追求理想世界正是人類的一種正能量，推動著世界文化、藝術、民生、科學和經濟的不斷發展。如果缺乏這種力量，我們的文化可能仍然停留在原始社會的時代。

理想世界這一名稱和概念，從古至今一直存在於人類社會中。在不同的文化和社會中，它表現出各種形式。例如，中國有大同社會的概念，源於孔子所著的《禮記》中的《禮運大同篇》。在大同社會中，天下為公，選賢與能，講信修睦。人們不只關心自己的家人，也關心社會上的其他人。男女平等，財富和資源平均分配，人人都能維生。特別需要幫助的人，例如殘疾人士和寡婦，都會得到照顧。在這樣的社會中，沒有人會閉門造車，也沒有人會偷竊搶劫，大家都能共享社會資源。

　　西方思想對於人類理想世界的描述也有相似之處。例如，英國的湯瑪斯·摩爾撰寫了《烏托邦》一書，描繪了一個理想的社會。在這個社會中，沒有私有財產，人們從事自給自足的農業生產。社會上沒有貴族、地主和農奴之分，每個人都是平等的，並且共享社會資源。摩爾的《烏托邦》在當時對歐洲社會產生了深遠的影響，也啟發了後世的人們對於理想世界的探索和追求。

　　儘管理想世界往往與現實脫節，甚至被視為一個不存在的地方，但在人類千百年的歷史中，幾許仁人志士為了改變社會、政治和文明而獻出了自己的生命。例如，法國大革命、俄國十月革命、美國獨立宣言等事件都是這樣的例子。這些人的奉獻和付出影響了整個社會和世界歷史的進程。儘管理想世界無法完全實現，但我們可以從這些先驅者的努力中吸取經驗和啟示，繼續追求更美好的未來。

　　中國的近代歷史也有很多類似的例子。孫中山先生帶領人民推翻了清朝統治，提倡建立三民主義社會，包括民族主義、民權主義和民生主義。毛澤東先生則建立了新中國，鄧小平實行有中國特色的社會主義。這些歷史事件改變了中國和世界的政治、經濟、社會和文化面貌，也影響了世界上其他國家和民族的發展。

在印度，甘地反對西方文明的物質主義，認為這樣會腐蝕人類的道德觀念，他也反對資本主義的貪欲和無限的資本累積，這些都造成了印度下層人民的貧困和苦難。在美國，林肯總統解放了黑人奴隸，馬丁路德金鼓吹民族平等及和平共處，他們都是後世歷史上的典範。這些先驅者的思想和行動對於當時和未來的社會及人類進步產生了深遠的影響。

對於普通人來說，改變世界可能是一個艱巨而遙遠的任務，但在現代資訊發達的年代，每個人都有機會通過網絡世界去影響別人，並參與改善社會，推動一個更理想的世界。像 2006 年諾貝爾和平獎得主穆罕默德·尤努斯教授所說，每個人都是地球村的一份子，可以透過啟發他人合作去改善社會。因此，即使我們是社會上的無名氏，也可以成為一個變革者，透過參與社會創新或社會企業去改善自己的社會。這是一個極大的動力和鼓勵，讓我們一起為自己和他人尋找更美好的世界。

這本書並不是一本學術著作，僅是筆者基於自身在營運社會企業和教授社會企業管理課程的經驗、相關研究和曾刊載的文章等資料整合而成。書中的內容以實務和資料為主，雖然附有注釋和資料來源，但不是學術論文。筆者透過這本書分享了對資本主義社會、社會企業、第三世界貧困和香港殘疾人士就業困難等問題的想法，以及對社會企業理想的反思。筆者希望透過這本書鼓勵年輕人多關注社會，甚至參與社會企業，以正面態度改善社會。同時，筆者也希望投身社會企業的人能夠深思熟慮社會企業的作用和局限性。筆者相信，更多人參與改善社會和討論社會企業，將使香港這個高度發達的資本主義社會得到更多的效益。如果這真的實現了，那對筆者來說就是無憾的人生了。

此書共分為七講：

第一講：從狄更斯至社會企業

作者通過狄更斯筆下的倫敦情況，敘述了十八及十九世紀工業革命後帶來的種種社會問題，包括社會剝削、悲慘童工和極度污染等。作者提到工業革命帶來了文明和新經濟的資本主義社會，但同時也帶來了很多社會問題。在這種情況下，人們開始思考政府和人民的責任問題。自70年代以來，歐美國家福利國家制度的失敗，導致人民開始自救，這也促進了社會企業的發展以及官商民三方面的互動影響。資本主義所產生的問題，引發了不少反思和新思潮，進一步引發了資本主義是否已到達深秋的討論，以及它是否能像四季般不斷自我演化和長存的問題。

第二講：社會企業政策

在社會企業政策這一章中，作者討論了社會企業的定義，以及歐美和亞洲國家在發展社會企業方面的綜合政策 (Policy Framework Analysis) 框架分析。並以不同方面作比較了不同國家在鼓勵和促進社會企業發展，包括：1. 法律 / 規管；2. 推行架構；3. 宣傳推廣及價值觀；4. 財務及相應的措施等方面做出的努力。這些國家包括美國、英國、意大利、西班牙、南韓、新加坡、泰國和越南等。作者從這些國家的政策中探索了一些可助推動社會企業發展的要素。

第三講：2006 年諾貝爾和平獎得主尤努斯教授的啟示

本章介紹了 2006 年諾貝爾和平獎得主尤努斯教授，探討他如何在孟加拉一個極度貧窮的第三世界國家中，通過微型貸款和社會企業來解決當地赤貧問題。作者分析了尤努斯教授對資本主義的看法以及他創立的鄉村銀行與傳統商業銀行在借貸方面的區別。作者還探討了尤努斯教授如何善用資本主義的遊戲規則，建立一個巨大的社會商業 (Social Business) 處理孟加拉區域上各種問題，包括兒童營養不良、貧窮和失業等，並產生了系統和世界性的影響。作者認為，尤努斯教授的鄉村銀行和社會企業模式，對香港建立社會企業提供了啟發和借鏡。

第四講：香港社會企業的發展

本章探討香港社會企業的發展歷程，特別關注前任特首曾蔭權如何在 2008 年金融風暴期間推動社會企業，並配以不同的政策和措施，以解決當時香港深層次的貧窮和失業問題。然而，本章也探討了香港社會企業對扶貧能夠產生多大的成效，以及在過去二十年中，香港社會企業的實況和生態已經發生了重大變化和新的發展。這些變化是否已經影響了當年政策的初衷，從而直接或間接地影響了政策的成效，值得進一步探討。本章以殘疾人士就業問題作為案例，探討現行政策的不足之處，並提出可能的改善方案。

第五講：社企營運和創立

　　本文旨在探討如何有效地開展社會企業，並分別以社企三部曲的制定方式為主，即社會部份（如何選擇社會問題及察看自己對問題的情懷）、商業部份（如何以商業營運圖制定自己的社企營運方法）以及社會影響評估（以何種方法評估）。這三部分需要互相扣連，以香港神託會大茶壺作為個案分析。

第六講：財務管理

　　介紹在營運社會企業時在財務管理上應注意的地方及簡單地介紹部份有關開展社會企業的基金或資源種類等。

第七講：總結及反思

　　借香港社會企業總會舉辦的讀書會討論徐沛然先生所著的《社企是門好生意？社會企業的批判與反思》所引出的問題。其中包括社會企業只是新自由主義 (neoliberalism) 的產物，是資本主義的延伸；社會企業只是將抽象和複雜的社會問題商品化和簡單化，並以「良善」外衣包裝的營利企業，實際上並未解決問題。透過這些討論，我們如何面對社會企業的種種限制及慎思明辨地進行反思及如何再堅持。

從狄更斯至社會企業

1

第一講　從狄更斯到社會企業

英國在十八和十九世紀經歷了工業革命，躍升為全球經濟強國和工業中心，綜合國力大幅提升。憑藉其先進的軍事力量和殖民擴張，英國在世界各地佔領土地，一度被稱為"日不落帝國"。她擁有無可匹敵的國力和世界霸主的地位，直到第二次世界大戰後才被美國所取代。英國工業革命對人類文明的發展有著深遠的影響，這可以說是毫無疑問的，但在這光輝的背後卻是一幅又一幅令人感到悲痛的畫面。

從人類建立群居的社會制度開始，就經常面臨各種天災人禍和生活中的家庭倫理問題。當某一個生活問題影響到社會上的大多數人時，就可能成為一個公共或社會問題。如果這些問題得不到適當處理，就會導致社會失調甚至解體。以貧窮為例，自十九世紀工業革命以來，貧窮的問題已經散佈在世界各地，即使富裕的國家如英國、美國和歐洲也無法幸免。

從人類發展的歷史長河來看，人類社會是不斷演化的，從最初的狩獵部落逐漸演變成以農業為主的社會，最後在十八和十九世紀發生了工業生產的大變革。這次大變革具體可分為四個進程，對人類社會產生了深遠的影響，包括社會結構、生產模式、經濟思想、文化和人際關係等方面。這一次的變革被歷史學家稱為工業革命，它推動了人類進入了一個全新的文明和經濟領域。

十八和十九世紀英國的工業革命是一個重要的歷史事件，它將以往以農業為主的社會轉變為以機器、火車等交通工具、資本累積和勞工密集的工廠生產模式為主。這種變革推動了全新的經濟模式和社會階層的產生，如商人、專業人員和勞工階層。重要的是，這次變革推動了資本主義經濟 (Capitalism) 的興起。

資本主義社會認為個人可以按照自己的利益去從事經濟活動，並進而使整個社會受益，因此反對國家對私人經濟活動進行任何干預。資本主義主張實行自由經營、自由競爭和自由貿易，國家的作用僅限於維護國家和個人安全，以及提供一個基本架構，讓社會不斷發展。

在 1911 年俄國革命後，共產主義國家逐漸興起，並與資本主義國家形成意識形態上的分歧，產生了冷戰和鬥爭。直到 1989 年柏林圍牆倒塌後，整個世界逐漸以資本主義為主導，自由經濟或新自由經濟思想更深入影響了許多國家的政策。

狄更斯筆下的英國

查爾斯‧約翰‧赫芬姆‧狄更斯 (Charles Dickens) 是 19 世紀英國著名的作家，他的小說道出了工業革命背後的黑暗面，描繪出了資本主義社會中種種社會問題和慘況。他被譽為貧窮、受苦和被壓迫人民的同情者，他的去世使世界失去了一位偉大的英國作家。在他的作品中，他用生動的筆觸描繪了 19 世紀工業革命下英國社會的種種問題和慘況，讓人們更深刻地了解這段歷史。

查爾斯‧狄更斯的小說《小氣財神》(A Christmas Carol) 中，主角是一個典型的 19 世紀資本家和守財奴，為了追求最高利潤而不斷剝削工人的工資，令人深感憎惡。在聖誕夜的夢中，他被三位鬼魂帶到過去、現在和未來，讓他深刻體會到感恩和施予的真義。這個故事反映出當時工業革命下英國資本家的貪婪、刻薄和對工人的剝削 (Dickens, 1843)。

另一本膾炙人口的《孤雛淚》(The Adventure of Oliver Twist) 描述了小主角奧立佛在濟貧院受虐待以及流浪至倫敦後的悲慘生活。透過這個孤兒的故事，狄更斯揭露了工業革命後帶來的種種社會問題。他質疑當時主流社會思想，即貧窮源於個人的懶惰所致，並批評濟貧院苛刻的鞭策對於解決貧窮問題的局限性。這個故事呼籲人們關注貧困問題，探討貧窮背後的根源，並尋求更有效的解決方法 (Dickens, 1868)

工業革命帶來了許多社會問題，當時的英國政府制定了不同的「貧窮法」(Poor Law Act & Poor Law Amendment Act) 和「工廠法」來應對貧窮和童工問題。然而，在 18 至 19 世紀，英國政府和主流社會普遍認為貧窮的主因是個人懶惰，因此政府不應過於主動干預。相對地，政府的主要職責是確保社會能夠運作，而人民所遭遇的問題應由民間慈善團體解決。資本家為主的商界應該專注於賺取最大的利潤和增進經濟發展。政府、民間團體和商企各司其職。然而，在二戰後，這三者的關係發生微妙的變化，也直接促成了社會企業的興起。

歐美福利國家制度的崩潰

社會企業的起源可以追溯到第二次世界大戰後，從社會和非營利組織演變而來。二戰後，大部分歐洲國家遭受了戰爭的蹂躪和破壞，人民生活困苦，需要重建。但當時非營利和私人組織缺乏足夠的資源和能力來幫助受助者。在這種危急情況下，政府從過去的被動角色轉變為願意扮演更重要的角色，開始出現普世福利國家的概念。受到新經濟思潮的影響，歐美各國政府開始普遍採用「福利國家」(Welfare State) 的社會政策。雖然不同國家有不同的演繹，但其主旨仍是國家負責照顧國民福祉，提供全面的社會服務，如醫療、房屋、教育和社會保障，以滿足人民基本需要。同時，透過國家介入市場經濟 (Market Economy)，公平分配財富，以實現人人平等的理念 (Paternalistic Egalitarianism) (Minford, 1987)。

當時，歐美各國都有此共識 (Consensus) 認同政府在提供人民基本需要上應扮演明顯的角色。政府使用大量財政資源提供社會服務，從嬰孩到長者，提供所謂的「搖籃至墳墓」關顧。此「福利國家」模式的主導者均受凱恩斯經濟學派所影響 (Keynesian Economics)。凱恩斯的經濟理論基於循環流動的錢，認為政府應積極介入市場運作，以平衡商業週期。福利開支成為調節經濟的有用手段，當有錢進入市場時，有助於

平衡經濟衰退。因此，凱恩斯主義影響下，戰後歐美各國採取積極干預市場政策，提供全民保障服務 (Mishra, 1984)。

　　這種政府積極介入市場的行為，與資本主義和自由經濟思想大相徑庭。資本主義和自由經濟思想認為市場有一隻無形的手 (Invisible Hand) 操縱，強調個人在為自己作選擇上的作用，國家只需要提供最低限度的干預，維護法律和財產權利，讓企業有自由經濟的發展空間。然而，一些學者如 Mishra (1984) 認為，所謂的共識 (Consensus) 和政府積極主導的角色只是權宜之計，是權衡戰後利益的結果。福利國家的功能在於維持戰後破壞的資本主義社會和市場的延續，使資本主義社會能夠有效運作。

　　福利國家的共識 (Consensus) 當然有好處，但政府需要大量投放資源。當經濟強勁時，沒有問題。然而，歐美國家在 1970 年代面臨經濟萎縮和倒退，歐洲福利系統在財政壓力和組織失能下逐漸崩潰。經濟成長衰退和失業率上升，政府收入明顯減少，同時公共支出仍快速擴張，整體經濟陷入蕭條，失業率急劇增加，貧窮問題也越來越嚴重，許多國家面臨財政赤字危機。儘管政府採取了積極的角色，介入市場以及使用大量公共開支刺激經濟和解決社會問題，但經濟仍然缺乏起色，社會問題層出不窮。許多人開始質疑凱恩斯學派的主張，認為政府過份介入市場經濟才是社會問題的根源，單靠政府力量根本無法解決社會問題。面對新的危機，大部分國家必須採取新的方法和措施以減少開支（紀治興與趙立基，2013 年）。

民間社會組織的演化

　　從 1980 年代和 1990 年代開始，公共政策逐漸轉向多元化拓展，與非營利組織和私營組織合作，而不是僅僅依賴政府提供的服務。政府透過向非營利組織提供津貼的方式提供服務，開始採取服務外包的方式。透過服務合同，私營企業或非營利機構提供不同的社會和公共服務，政府免除服務提供的責任並節省開支。然而，政府的服務合同並不是有利可圖的，私營企業未必有興趣。因此，1980 年代至 1990 年代非營利組織的角色因此增強，但由於非營利組織的運營經驗並不完善，這就催生了一些新型組織即既注重運營又兼具社會使命的企業。這些新型組織被稱為 "社會企業"，其特點是以經營和公民參與的方式去解決社會問題。在美國被稱為 "社會企業家運動"，而歐洲大陸也有所謂社會經濟 (Social Economy) 的萌芽出現。這種注重公民參與的運動在這種土壤下應運而生，推動著社會的改變。這個運動所產生的社會企業具有以下特徵：

　　與傳統的非營利組織相比，社會企業更關注如何解決社會問題，例如創造就業機會和創新服務，以解決失業和貧窮等問題，因此社會企業不太熱衷於倡議。在 70 年代至 90 年代，許多歐美國家將社會企業、福利多元化 (Welfare Pluralism)、混合經濟 (Mixed Economy) 和私營化及外判服務 (Privatization & Contract Out) 等視為社會政策的主要議題。這些政策旨在提高福利的效率和品質，創造更多的工作機會和提高社會的生產力 (Spicker, 2008)。

社會企業產生的影響

自 1980 年代起，「社會企業」開始出現，打破了傳統的公共服務框架，其中政府提供社會基礎設施，企業專注於盈利和經濟發展，非牟利慈善機構則負責救助貧困和危難人群的三分天下格局。社會企業的出現，不僅是非牟利機構的演變，更重要的是影響了政府、企業和非牟利機構之間的互動和合作，促進了企業參與社會事務的程度，也就是所謂的社區參與 (Community Engagement)。以香港為例，近年來，社會注重跨界別的合作 (Cross Sectoral Collaboration)，其中一個原因是現代社會的問題更加複雜，單靠政府、企業或社福界的單一力量無法解決這些複雜的社會問題。政府、企業和民間組織的合作可以產生更大的社會影響和價值。

九十年代，企業界別泛起不同的新的企業思潮 (Business Ideology)，商界除了盈利的思維，漸漸地也注重企業社會責任 (Corporate Social Responsible)。求盈利之外，企業也開始思考如何回饋社會。在不影響盈利的前提下，企業會定期向慈善機構捐款，派遣志願者協助慈善活動。從某種程度上來說，企業具有回饋社會的責任 (Pay Back)。然而，有些人認為，企業社會責任只是一種營銷手段，只是為了塑造企業形象而進行的市場推廣，而非真正意義上的回饋社會。

哈佛大學商學院教授米高波特 (Michael Porter) 提倡「創造共享價值」 (Creating Shared Value，CSV)，這與企業社會責任的概念不同。「創造共享價值」的重點在於企業在營運或產品生產時，已經考慮到社會的需要。企業盈利和社會需求並不一定互相矛盾，可以同時共存並產生共同價值。例如，如果一家企業不斷生產污染社區的車輛，可能會引起市民的反感，最終政府可能會禁止生產該類產品，導致整個市場崩潰。但是，如果企業從一開始就考慮到社區的環境，生產環保車輛，則可以保護和改善環境，同時讓市場更加蓬勃發展，從而創造出企業和社會共同受益的價值。「創造共享價值」的概念與社會企業家的精神密切相關，這種精神是將創業和商業技能應用於解決社會問題，同時創造共享價值的精神 (Porter, 2011)。

過去，投資者主要尋求投資項目，以獲取豐厚的財務回報。然而，現在的投資趨勢已經發生了變化。許多尋找投資項目的人，尤其是國際投資者，已經轉向尋找具有有效用價值的投資項目 (Impact Investments)。這個名詞在投資界中首次出現於 2007 年，現在已經成為歐美投資者的趨勢。當投資者投資項目時，他們所追求的是混合價值 (Blended Values)：混合價值認為資本、社區和商業可以創造的價值不僅僅是總和，更不是單純的數學運算，而是對社會、人類和地球的投資 (Bugg-Levine & Emerson, 2011)。

2004 年，聯合國全球契約 (UN Global Compact) 首次提出了「環境、社會和公司治理」(Environmental, Social and Corporate Governance，ESG) 的概念，指企業應該在環境保護、社會關懷和公司治理等方面進行投資。除了財務報告外，企業現在還需要提供環境、社會和治理報告，以彰顯其在這些方面的投入。ESG 已成為評估企業經營的重要指標，也是投資者信任企業的保證。近年來，歐美和亞洲國家越來越重視 ESG 概念。許多國家已經立法要求公司每年報告其對環境、社會和治理的參與情況。(Bugg-Levine & Emerson, 2011) 這些證明企業在參與社區方面 (Community Engagement) 的投入程度比過去更大。

企業界轉變的原因不可能是單一的，必然有很多外力 (Forces) 在推動企業正視資本主義社會帶來的負面影響並進行調整。消費者的權益在過去數十年間得到不斷提升。消費者通過互聯網越來越直接地研究和分享有關企業和消費的問題和資訊。社會大眾對企業和商業行為的方式越來越敏感，例如產品安全、勞工法規、公平貿易，以及企業是否回饋社會等。企業界必須重視消費者的訴求和反應。例如，在 "Killer Coke" 案中，哥倫比亞可口可樂工人代表的主要工會在美國提起訴訟，引起了 2003 年美國大學生抵制和罷飲可口可樂的行動。這些都是強有力的行動，迫使企業界作出負責任的商業行為 (錢為家，2010)。此外，在不同城市和國家，還有反對資本主義剝削和仇富的運動，例如 2011 年 9 月 17 日紐約華爾街示威活動，都迫使資本家不得不作出變革。

資本主義到了深秋？

在十八和十九世紀的工業革命中，人類的經濟和文化得以迅速發展，資本主義體系的社會和自由經濟思想也更加穩固。但是，資本主義社會中貧富懸殊的現象引起了對資本主義社會的批評和反思。索羅斯 (Soros, 1999) 指出，根據市場的基本教義，市場應該趨向均衡，但在現實生活中，這種均衡很少出現，而且可能永遠不會出現。許多學者預言資本主義已經到了生命的盡頭。然而，在 1989 年蘇聯社會主義陣營的解體、柏林圍牆被推倒之後，資本主義的批評失去了很多支持者，資本主義至今仍然屹立不倒。有學者認為，資本主義制度具有漸進改良的潛力，並一次又一次地展現出人們意料之外的變化和持久的生命力（華倫斯泰，1992）。

比爾蓋茨在 2008 年的世界經濟論壇上提出了一種新的資本主義理念，名為「創造性資本主義」(Creative Capitalism)。這種理念通過商界、政府和慈善組織的協作，利用市場力量解決貧困大眾的需求，並促進企業獲得政府和社會的認同 (Recognition)，提高企業的聲譽。這些動機促使企業積極參與社區事務 (Community engagement)，並利用市場力量推動社會改善，不再只依賴政府或民間力量 (Kinsley, 2008；陶中麟，2015)。

哈佛大學商學院教授米高波特認為，社會創業家運動 (Social Entrepreneur Movement) 通過商業手段建設社會目的，可以推動資本主義進入另一個階段。企業不僅重視盈利，也關注如何對社會產生有利的結果。社會企業的興起和新模式有助於企業與社會進行對話，這種對話有助於資本主義的演進和發展。最終，社會創新業者運動或社會企業的發展有助於建立一個更具道德和共融性的資本主義社會 (Driver, 2011)。

諾貝爾和平獎得主穆罕默德‧尤努斯教授是一位經濟學家，他並未試圖推翻現有體制，也沒有提出另一種伊甸園式的主義。然而，他指出現代資本主義是一種不夠成熟和單向的結構 (A Half-done Structure)。

它的理論框架存在基本錯誤，過於強調個人利益，僅採用單向的方式來解釋人性 (One Dimensional Approach)，而忽略了人性是多元和複雜的。自古以來，許多人不僅從自我利益出發，還有利他主義的思想，即以幫助他人為己任。尤努斯提倡從多元化的角度去理解資本主義，認為資本主義應該有兩個方面和兩條腿走路：第一個是營運和盈利，第二個是關注人性和社會發展。現代資本主義仍然不夠成熟，只強調追求個人利益，忽略了關注社會發展和人道主義的另一面。現有的規則可以打破。因此，尤努斯教授提倡社會企業，認為這是一種有效的新方法，可以改善社會和消除貧窮 (Yunus, 2010)。

小結及討論

　　本章節旨在介紹社會創業家運動及其在資本主義社會中的角色，並非旨在對資本主義社會的優劣作出評論和討論。資本主義在十九世紀工業革命後一直發展至今，對整體人類文化和生產帶來了正面的影響，這是不容置疑的。然而，每個硬幣都有兩面：資本主義也帶來了貧富差距和其他社會問題，這是不可否認的事實。狄更斯筆下的工人和童工的情況可以見證這一點。

　　在歷史上，解決社會問題的責任往往歸屬於政府、民間團體或企業中的某一方。社會企業是在二戰後的歐美國家福利國家共識 (Welfare State Consent) 破裂後出現的一種新型企業，它不同於以追求最高利潤為目標的資本主義企業，而是肩負著解決社會問題的使命，並以此為依歸。社會企業的出現模糊並打破了政府、社會組織和企業之間的責任界限，形成了一種社會創業公民運動，對政府的公共政策也產生了一定的影響。

　　資本主義經濟制度的持續存在和演化，以及在此制度下的參與者 (Players) 對其進行反思的情況。一些學者和夢想改革家提出了改善資本主義社會的各種方法，其中包括共享價值、社會企業等。社會企業的發展可以幫助建立一個有道德和共融的資本主義社會。然而，社會企業要發揮有效的社會功能和影響力，需要制度性的環境和法律地位，以及政策的支持。下一講將進一步探討不同國家在推動社會企業時的政策和影響。

社會企業政策

2

第二講　社會企業政策

「社會企業」是甚麼？

企業製造的產品不僅可以獲得盈利，還能為社會帶來各種利益和好處。但是否可以稱之為「社會企業」，則需要進一步考量。

例如 Tesla 公司的電動車，它們注重環保、零排放，既為股東帶來豐厚利潤，也為環境作出貢獻，使得環境更加健康和乾淨。Tesla 生產電動車的確有助於解決電油車對環境帶來的污染問題，但是否可以稱之為「社會企業」則有待商榷。

另一個例子是一家位於香港尖沙咀 24 小時營運的連鎖快餐店。這家店在晚上開放給無家者逗留，而且聘請智障人員為員工。這家店以商業手段緩解香港無家者和殘疾人的就業問題，可以視為一個「社會企業」的範例嗎？

「社會企業」定義

「社會企業」(以下簡稱社企) 在全球沒有一個統一的定義，不同國家稱之為不同的名稱，例如合作社、人民企業、社會商業或社會經濟等。在香港，社企發展已經多年，但仍然有許多人將社企與非牟利機構混淆。此外，很多人也將社會創新、社會創業等名稱等同於社企。

從歐洲社會組織的演進來看，社企受到所謂「社會經濟」(Social Economy) 的影響，這一詞源於法國和拉丁美洲，在歐洲大陸有很悠久的歷史，例如合作社 (Cooperative)。「社會經濟」特別強調經濟生產和社會公益相結合，以及持續發展的目標。例如合作社的成員可能包括投資者、生產者和消費者，當盈利時，他們可以因此受益 (Monzón & Chaves, 2017)。

從學術層面分析，首先提出與社企有關的概念，是 1972 年由英國社會學家 J. A. Banks 所提出。他指出社會創業家是運用營商管理技巧去建設公益事業。2006 年美國的格雷戈理・迪斯教授 (Gregory Dees) 再加以闡述和解釋：運用營商管理技巧去解決公益事業所需的資金，便是社企；而公益事業所產出的效果，便稱為社會創新 (Kee & Cheng, 2018)。

法國的菲利佩・桑托斯教授再提出更具規範性的定義：所謂社企應是針對被忽略的社會問題，提供持續解決方案，並且在過程中產出正面的額外利益，讓弱勢社群受惠等等。以上不同的解釋及演繹，與現時社企的口號：以營商手法，去解決社會問題有一定的關連。然而，仍有不少人感到混淆，以為社企與非牟利機構分別不大 (紀志興等，2013)。

從狹義的角度來看，社企與非牟利機構有相同和不同之處。社企是指為了公益目的而開設的營商企業，以一種嶄新形式出現。除了提供社會服務外，還賺取營運資金。如果將社企與傳統非牟利機構的社會福利價值鏈內三部分的活動作比較：1. 市民賺錢納稅，2. 政府派發公帑予有關部門，並調配至服務部門或非牟利機構，3. 非牟利或社福機構再提供社會服務去解決社會問題。可以發現社企的不同之處，即將前述福利價值鏈三部分的活動取消了中間環節，派發公帑一環，並同時合併首尾兩部分。簡而言之，社企是營運一個企業，直接收取市民的金錢，運用所得資金解決某一社會問題或達成某一種社會目標。總而言之，社企有兩大目標：第一是社會目標，第二是財務目標，兩者缺一不可。

從廣義角度來看，社企是一個混合體，主要從事生產和商業行為，例如營運貨品和服務買賣，以解決某種社會問題為目的。例如，營運酒店，賺取盈利後持續營運是其財務目標；同時聘用弱勢社群為員工，使他們有收入，從而擺脫貧窮，是其社會目標。此外，社企會著重處理政府和一般非牟利機構未能解決的灰色地帶的社會問題，因此社企一般需要具備更創新的服務，並看準市場的營商機會才能持續發展。

　　以上的解釋和學術觀點可能讓我們感到茫然，因為它們主要從目標和營商手段方面入手，並未清楚說明社會目標／問題、資本集資方式、利潤分配和其他實務操作。因此，當我們說社企是一種用企業手段解決社會問題的方式時，仍然可能含糊不清。

　　根據歐洲研究網絡 (EMES European Research Network) 提出的概括性界面或準則，「社會企業」必須符合以下三個標準：

① 企業界面 (An Entrepreneurial dimension)：社企需要進行持續的商業活動，承擔經濟風險，如營運失敗等，並需僱用最低數量及支薪的員工，而非純義務的工作。

② 社會界面 (A Social Dimension)：社企必須有一個明確的社會目標，並對社區有益。社企應該由一群公民倡議發起的組織。

③ 民主管治界面 (A governance dimension)：社企的決策權需透過民主參與來分配，參與者之間不應基於股權份額而分配，各持分者和受社企活動影響的人都有參與管治的權利。

　　這三個特點可以歸納為：「社會企業不以追求營利為主要目標，也不是以營利為目的的私人組織。社會企業提供的商品、服務必須與其直接明示的目標密切相關，而此目標必須是以關心社會或社區的利益為依歸，不像一般商業企業以追求最大利潤和股息為主要目標。」(Defourny & Nyssens, 2021)。

政策架構分析

　　雖然社會企業多由民間自發發起，但若要有效發揮社會功能與影響，實在需要有適合的環境，並透過適當的政策支持來實現。對於如何有效地推動社會企業，政策上可以從以下三個方面入手：

① 建立有利於社會企業發展的環境 (Create an enabling environment for social enterprise)：包括法律規範及如何推動和執行這些措施，這些措施反映了推動的力度及政策的預期效果；

② 讓社會企業像商業企業一樣發展 (Make social enterprise better business)：包括提供適當的資金投資和培訓，以促進和便利社會企業市場的發展；

③ 建立社會企業價值的意識 (Establish the value of social enterprise)：宣傳推廣社會企業的價值觀，制定相關的教育配套，以促進市民接受新的價值觀，從而取得社會的肯定。(The Project's Scientific Committee, 2008)

　　以下將歐、美的意大利、西班牙、英國及美國與亞洲的泰國、新加坡、越南及韓國作一簡約的陳述和分析，從而找出一些較有效推動社企發展的好方法 (Best Practise)。

1 建立較佳環境讓社企發展
(Create an enabling environment for Social Enterprise)

■■■ 1.1 意大利：

意大利是最早在法律基礎上去介定社會企業的國家之一。在 1991 年，意大利通過了社會合作社法案 (Law on Social Cooperatives (381/1991))，在 2000 年再引入另一條法例 (Law No.328 of 2000)，並且首次提及社企這個概念。2006 年，意大利政府通過了一項條例 (Legislative Decree on SEs (155/2006))，規定如何監管社會企業和合作社，並首次明確了社會企業和合作社的區別 (Defourny & Nyssens, 2021)。2016 年，意大利又通過了一項法案 (Reform of Third Sector and SE (106/2016)，進一步推動社會企業的發展，並將社會企業納入第三部門，明確了社會企業的地位和運作規範。透過這些法律和政策的制定，意大利將傳統的社會合作社模式擴展到更廣泛的社會企業領域，並提高了社會企業在法律上的地位和重要性，這種改變影響了整個歐美社會企業在法律地位上的發展 (Borzaga, Poledrini & Galera, 2017)。

意大利長期以來一直面臨嚴重的失業問題，2015 年全國失業率高達 11.9%。為了解決失業問題，意大利政府通過支持社會企業和社會合作社的發展來促進就業，相關工作由就業及社會政策部門負責。目前，意大利約有 15,000 家社會企業和 12,000 家社會合作社，提供就業機會給超過 50 萬人，產生總產值 14 億歐元，每年創造 800 萬歐元的收入。這些社會企業和社會合作社對意大利的經濟發展產生了一定的影響（孫智麗與周孟嫻，2016）。

■ 1.2 西班牙：

在西班牙少用社會企業一詞，較常用社會經濟 (Social Economy)。儘管西班牙政府並未明確定義社會經濟，但其概念已隱含在 1978 年西班牙憲法中。憲法第 22 條確認了結社權利，包括成立社會行動組織，以及第 34 條確認成立基金為大眾利益服務的權利。此外，第 129 條規

定公共機關須以適當的法例有效推動各種形式的企業參與，以方便合作社的企業發展，其目標是「建立有助工人擁有生產工具的途徑」。在 2011 年，西班牙制定了社會經濟法例 (Law 5/2011) 來界定社會經濟。該法例將傳統的社會經濟組織納入法律框架，包括就業整合企業 (Employment Integration Enterprise)、社會合作社 (Social Initiative Cooperatives) 和特別就業中心 (Special Employment Centre) (李志輝與黃少健，2007)。

西班牙的社會企業旨在消除失業和貧窮，由主管社會經濟和歐洲社會基金單位 (隸屬勞工部長 (The Secretariat-General of Employer)) 負責。在 19 世紀末，西班牙面臨極高的失業率，從 70 年代初的約 2% 上升到 70 年代末的超過 10%，並在 1994 年達到 24.2% 的峰值。隨後，失業率從 1998 年的 18.8% 逐漸降至 2006 年的 8.5%。社會經濟的增長是其下降的主要原因。現在，西班牙約有 45,000 家社會企業，僱用了約 200 萬人，佔國民生產總值的 10%，佔勞動人口的 12.5%，對解決西班牙嚴重失業率貢獻良多 (KONLE-SEIDL, 2022；李志輝與黃少健，2007)。

1.3 英國：

英國承傳歐洲大陸的傳統，非常重視合作社，但在社會企業的法制演進方面，對利潤分配和資產轉移等方面產生了深遠的影響。英國政府於 2003 年修訂了《2004 年公司 (審計、調查和社區企業) 法》(Companies (Audit, Investigations and Community Enterprise) Act 2004)，賦予社會企業名為社區利益公司 (Community Interest Company) 的法律地位及對其的要求。

社區利益公司的組成和註冊類似於一般有限公司，不設有關最低投資額的規定。但社區利益公司有資產限制，不可將其資產分配給其他機構。此外，社區利益公司的利潤分配受限，其股息和利息分配僅限於 35% 的利潤。這次法律修訂制定了一種新型公司，明確界定了社會企業的類型，並更加強調商業運營。

在 2013 年 和 2014 年 的《2014 年 公 司 法 》(Companies (Audit, Investigations and Community Enterprise) Act 2014) (CIC) 下，進一步制定了對社會企業公司利益的規管，從而更加凸顯了其特點。這次修訂為社會企業提供了一種獨特且易於識別的法律身份和規管，有助於提高社會企業形象，並獲得投資者的認同。

2001 年 10 月，政府首先成立了社會企業組，以加強政府各部門之間的協調，為社會企業創造有利的發展環境。最初，社會企業組隸屬於貿易及工業部，但自 2006 年 5 月政府內閣改組後，社會企業組改為隸屬於內閣辦公室的第三界別辦公室，該辦公室負責制定不同的社會政策。內閣辦公室是英國政府的權力核心，負責支援英國首相和內閣大臣的有效管理，地位十分重要。這表明英國政府非常重視社會企業的發展。

根據 2014 年的數據，英國共有約 70,000 家社會企業，其中約 6,000 家為社會公益公司；到了 2016 年，社會企業的數量增加到 11,922 家，聘用了大約 100 萬人，佔總勞動人口的 3%，為當地經濟貢獻了 240 億英鎊，佔國內生產總值的 1%。根據 2021 年巴克萊銀行 (Barclays) 的報告，英國現在擁有約 100,000 家社會企業，每年貢獻 600 億英鎊，對英國經濟產生一定影響 (李志輝與黃少健，2007；紀治興與鄭敏華，2008；State of Social Enterprise Survey, 2021) 。

1.4 美國：

美國是一個由各州組成的聯邦國家，聯邦政府主要負責國防和外交等事務，較少介入州政府的民生福利事務，因此對於社會企業沒有明確的法律定義和規定，僅在聯邦稅法中提供了從事社會公益目的的組織享有稅收優惠的條款。對於以公益為目標的企業或社會企業的管理和規範，通常由各州根據自身的特點和需求進行立法。

美國最早的社會企業立法始於 2008 年，在佛蒙特州 (Vermont) 創設了「低利潤有限責任公司」(Low-profit Limited Liability

Corporation，簡稱 L3C)。這種公司屬於有限責任公司，其目的必須以促進公益或教育為主要目標，並非以盈利和股東利益為唯一目的。這種公司的目標非常明確，必須以公益為優先，盈利和股東利益為次要，否則將違反該法律，失去「低利潤有限責任公司」的資格。

2013 年，在馬里蘭州設立了另一種特殊型式的企業，稱為「公益公司」(Benefit Corporation)，簡稱 B Corp。這種公司是一種股份有限公司，其目標必須促進公共利益 (Public Interest)，企業的盈利和公益的比例由公司自行決定，但必須從事具有公益性的活動。

美國部分州通過的「低利潤有限責任公司」和「公益公司」法律的重要意義在於擴大社會企業的定義範圍，以及監督社會企業的發展。此外，「公益公司」每年必須提交公益報告 (Annual Benefit Report)，並由獨立的第三方公證機構或機構審核和監督，以確認該社會企業是否符合公益目的。這種審核機制有助於確認社會企業的合法性，增強公眾信心，並鼓勵投資者做出投資決策，進一步促進社會企業的發展。根據 2015 年的數據，美國共有 1,229 家「低利潤有限責任公司」（蔡嘉昇，2014；易明秋，2014)。

1.5 南韓：

南韓在 2007 年通過了「社會企業振興法」(Social Enterprise Promotion Act)，明確規定社會企業是一種以實現社會目標為導向的企業，並以創造就業機會，改善弱勢社區生活為目的。南韓對社會企業的要求比較嚴格，只有經過認證的社會企業才能獲得政府的補助或獎勵。符合社會企業認證的公司才能使用「社會企業」的標誌。

南韓的社會企業推動由就業及勞工部長 (The Minister of Employment and Labor) 負責，勞動部之社會企業部門 (Social Enterprise Division, The Ministry of Employment and Labor) 成立了南韓社會企業推動機構 (Korea Social Enterprise Promotion Agency) 負責執行和推動社會

企業政策，例如認證、監督、輔導和網絡連接等。南韓社會企業主要
的功能是促進就業，平衡社會服務、社會發展和經濟的發展，以擴大目
前缺乏的社會服務，促進社會整合，從而改善人民的生活。根據 2014
年的數據，南韓大約有 1,251 家社會企業，僱用了 27,923 人 (Kim &
Cho, 2013；Kee, Kwan & Kan, 2016)。

★ 1.6 越南：

越南的社會企業發展大約始於 2014 年，政府並沒有專門為社會企業制
定的法律，而是在處理一般企業法律時對社會企業作出了一些解釋。
2014 年，越南通過了一部企業法案（越南國會 2014 年 11 月 26 日第
68/2014/QH13 號），其中定義社會企業並規定了盈利分配，要求將盈
利的 51%再投資於社會和環境問題。這是越南政府第一次承認社會企業
在企業界中的特殊地位。社會企業必須註冊，其營運目標是解決環境或
其他社會問題。根據英國文化協會於 2020 年的推斷，越南約有 19,125
家以公益為本質的社會企業，但僅有約 100 家註冊於以上法案規定之下
(British Council, 2019；越南國會，2014)。

1.7 泰國：

泰國在 2019 年制定了社會企業推進法 (The Social Enterprises
Promotion Act B.E. 2562 (2019))，並設立了社會企業推廣委員會、
社會企業推廣辦事處以及社會企業推廣基金等三個機制，代替了泰國社
會企業辦公室 (TSEO)。泰國政府成立了社會企業推動委員會，由泰國
總理擔任主席，專責制定政策並推動社會企業的發展。委員會可以向總
理內閣提出意見，包括如何改善相關法規以及作出政策評估。儘管泰國
曾面臨不少內部政治風波，但對推動社會企業仍不遺餘力，以極高的層
面推動和執行。

該法例確立了註冊為社會企業的標準和目標、收入和盈利分配等，例如
必須以社會目標為本，聘請弱勢社群，改善社會和環境；不少於 50%的
收入應從營運和服務中賺取，而且 70%的盈利所得需要重新投資到社

會企業中。根據英國文化協會的估算，截至 2019 年，泰國社會企業約有 120,000 家。在 2020 年，共有 141 家機構註冊成為社會企業 (British Council, 2020)。

1.8 新加坡：

新加坡目前並沒有訂立社會企業相關法律，也沒有明確的社會企業定義。政府對於社會企業的目標除了創造就業，還包括擴大民間社會力量和社會資本，以實現新加坡社會的平衡和穩定發展。新加坡社會企業政策的推行由社區發展、青年和運動部 (Ministry of Community Development, Youth and Sports (MCYS)) 下設的社會企業部門負責 (Community Care and Social Support Division)。但是在 2013 年，該政策轉由家庭及發展部 (Ministry of Social and Family Development (MSF)) 主管社會企業發展，並設立了社會企業委員會以統籌、規劃和執行相關政策。社會企業的最重要價值在於為弱勢人群創造就業機會，提供培訓和自立的機會。此外，通過社會企業基金 (CEF) 協助新成立的社會企業發展，提高公眾認知和優化財務支援。目前，新加坡約有 170 家社會企業，但英國文化協會在 2020 年的調查中推算數量為 2,660 家 (British Council, 2020)。

綜合上述各國而言，訂立社會企業相關法律可以有效地建立一個良好的環境，促進社會企業的發展。例如，英國制定的《2004 年公司（審計、調查和社區企業）法》(Companies (Audit, Investigations and Community Enterprise) Act 2004) 賦予了名為社區利益公司 (Community Interest Company) 的社會企業法律地位，有助於投資者清楚識別社會企業，促進了英國社會企業的蓬勃發展。同樣地，南韓在 2007 年通過了「社企振興法」(Social Enterprise Promotion Act)，這項法律更有效地資助和補助南韓的社會企業發展。

在推動社企政策上，英國和泰國政府在推動社會企業政策方面非常重視。例如，在英國和泰國，將內閣大臣作為中央統籌推動社會企業政策，並進行多方面的協調和推進。在英國，社會企業政策由商務和工業部門

負責執行，強調社會企業是整個國家經濟發展的重要層面，而不僅僅是福利或就業。不幸的是，英國因脫歐問題而面臨政策制定步伐緩慢的問題 (李志輝與黃少健，2017 ； Aiken, Spear & Lyon, 2021)。另外，意大利、西班牙和南韓等國家的社會企業政策目標明確，旨在解決失業問題和增加勞動人口，並由勞工和就業部門負責推動社會企業的執行細節，以實現政策目標 (孫智麗與周孟嫻，2016)。

2 讓社企如商業般地發展
(Make Social Enterprise Better Business)

為了鼓勵社會企業的發展，需要提供財務資源和便利措施，使其能夠像一般企業一樣發展。這些措施包括財務補助、津貼和貸款等。此外，政府的採購政策也是至關重要的，可以促進社會企業的發展。

2.1 西班牙：

西班牙政府為了支持和推廣社會企業，特別設立了不同的基金，並提供低息貸款，鼓勵創立社會企業和擴展其業務。此外，西班牙還制定了公共機構合約法 (Law 9/2017)，使社會企業可以優先獲得政府的採購合約。

2.2 英國：

英國在促進社會企業發展方面，提供的支持更廣泛。早在 2008 年，英國就制定了以銀行靜止帳戶資金投入社會企業發展的政策，如大社會資本 (Big Society Capital) 等，支持社會企業的成立。此外，英國還效法商業市場發債券，如另類社會影響債券 (Social Bond)，以提供資金給社會企業使用。為了增加營業額，英國政府在採購物品和服務時優先考慮社會企業的產品和服務。因此，英國對社會企業的財務支持不僅限於政府，還鼓勵商界投資。

2.3 新加坡：

2003 年，新加坡成立了社區關懷基金 (ComCare Enterprise Fund)，每年資助開辦約十間社會企業，平均每間約等於港幣 100 萬元。這些社會企業主要分為四類：就業融合、補貼服務、社會需要和營利後利潤。他們的業務種類主要是零售，如手工藝品、餐廳食品、教育、和節目管理等。此外，新加坡政府還鼓勵商界對社會企業提供支持。例如，英國文化協會在 2020 年進行的調查顯示，許多社會企業可以透過商業投資或貸款獲得資本 (British Council, 2020)。

 ### 2.4 南韓：

南韓政府對社會企業實施了一套完善的認證系統，通過認證的社會企業可以獲得中央和地方政府提供的財政和行政支援、補助和優惠政策等。

 ### 2.5 泰國：

泰國政府成立了社會企業推廣基金，以向註冊的社會企業提供財務資助或貸款。此外，非營利社會企業還可以獲得稅務減免等政策支援。

 ### 2.6 越南：

雖然越南政府並沒有特定的財務支持措施針對社會企業，但若社會企業經政府認可且完成登記，便可享有與越南中小企業一樣的政府支援及優惠措施。

綜合而言，不同國家對社會企業採取不同程度的財務支持，其中政府主動的措施如採購政策，優先考慮社會企業獲得政府合約，已被證明是較有效的推動社會企業發展的方法，英國和西班牙是此方面的表表者。此外，商界的投資也至關重要，英國和新加坡政府在鼓勵商業投資方面更為積極，這也是推動社會企業發展的較有效方法之一。

社會政策比較

	數目	政府角色	法例	目標	社會／經濟影響	特色	其他
南韓	3064 (2019)	就業勞動部	2007 社會企業促進法 (Social Enterprise Promotion Act)	擴大缺乏社會服務及就業並促進社會的整合	扶貧及就業	・有嚴格認證制度 ・政府角色較重及主導 ・重福利角色	認證社企可獲津助及政府其他支援
泰國	148(註冊)(2021)120,000(英國文化協會推算 2020)	社企推廣委員會	社會企業推進法 (The Enterprise Promotion Act B.E.2562(2019))	改善社區保護環境提供教育促進健康及幸福	社區及環境	有註冊社企制	註冊社企制有政府在採購及其他措施支援
越南	100 （註冊 ）19,125（英國文化協會推算 2019)	投資及計劃部和勞工部	沒有特為社企而設的法例但在 2014 企業法案 (第 10 條) 提及社企	處理社會及環保問題	社會及環境	有註冊社企制	註冊社企可享有一般中小企的優惠或津貼
新加坡	1702660 (美國文化協會推算 2020)	新加坡社會及家庭發展部	無	為弱勢人士創造就業機會及擴大社會力量	就業	・重與民間及商界的合作 ・重商業模式及收人	有基金及鼓勵企業投資

	數目	政府角色	法例	目標	社會／經濟影響	特色	其他
英國	100,000 (Barclays 2021)	內閣辦事處的第三界別辦事處	・2004 Community Interest Companies under the Companies Act ・2014 (CIC)	提供就業及促進國家經濟	・100 萬人 ・GDP 1% ・貢獻 60billion	不只是就業並與國家經濟整全的發展由商貿部門執行	政府及企業支持
美國	B Car(3000)B Lab2017aL3C(1000)Social Enterprise Law Tracker 2017	由州政府	・Low-Profit Limited Liability Corporation ・Benefit Corporation	社會創新	不詳	由各州政府自行管理社會創新	基金會及企業支持
意大利	15,000 社企12,000 合作社	就業及社會政策部門	・Law on Spcial Cooperatives (381/1991) ・Legisiative Decree on SEs (155 of 2006) ・Reform the Third Sector and SE (106/2016)	解決失業	・50 萬人（聘用） ・生產總值 14 億歐羅	重民間力量	政府及民間支持
西班牙	45,000 社企	勞工部	1978 年西班牙憲法 Law on Social Initative Cooperatives(CIS) (27/1999)Law5/2011 社會經濟 Law31/2015&9/2017	解決失業	・12.5% 整體聘請人口 ・GDP 10% (CEPE52022)	重民間力量	政府及民間支持
孟加拉	不祥	無	無	消除貧窮	社會	民間力量	國際企業的合作
香港	700	民政事務局	無	扶貧及增加就業特別弱勢社群	不詳	・業界認證 ・政府角色	跨界別合作

3 使社企能落地生根
(Establish the Value of Social Enterprise)

新事物和政策的實施必須獲得當地市民的接受和認同，才能更容易地得到實施並廣泛應用。對於社會企業，大眾市民通常較不熟悉，因此需要付出很大的努力，以灌輸這種新的價值觀念，從而讓社會企業進入民間並鼓勵更多人參與，並逐漸在民間落地生根並茁壯成長。

3.1 西班牙：

政府在教育系統中注入了社會企業的元素，將社會企業家精神、創業精神和技能納入中學課程的必修項目，例如推行 "微型公司創辦計劃" (Mini-company Creation Programme)，並加強教師對企業精神的培訓，在職業訓練學校提供有關企業精神的教材，以及鼓勵大學生制定企業計劃。同時，政府實施 "齊來創業" 運動 (Creating Businesses Together Campaign) 並舉辦 "企業家日" (Entrepreneurs' Day)，以加深公眾對企業家精神和社會企業的認識 (李志輝與黃少健，2017)。

3.2 英國：

英國在培育社會企業文化方面採取了更多和更廣泛的策略，包括：

(a) 建立成功社會企業的資料庫，並任命 20 名社會企業大使，提高公眾對社會企業的認識和了解；

(b) 加強向學校提供有關社會企業的指導，並宣揚學校如何參與社會企業的成功案例；

(c) 與資格及課程局 (Qualifications and Curriculum Authority) 合作，加強將

(d) 社會企業商業模式融入中學綜合證書課程、高級程度課程及其他商科課程；

(e) 教育技能部 (Department of Education and Skills) 在 2007 年 6 月 28 日分拆為兩個新部門，即兒童、學校及家庭部 (Department for Children, Schools and Families) 與 創 新 、 大 學 及 技 能 部

(Department for Innovation, Universities and Skills)，研究以全新方式在高等教育架構中提供和推廣有關社會企業的教育，並推動社會企業成為高等教育學生的可行事業發展途徑；

(f) 發展新的研究計劃，進一步建立有關社會企業界別的經濟、社會和環境保護價值的資料；

(g) 鼓勵社會企業界別與傳統的私營機構聯繫，例如推動社會企業與商界。(李志輝與黃少健，2017)

 3.3 南韓：

韓國在推動社會企業價值觀方面採取了多種措施，其中包括通過育成組織 (如 SEN、WT、Haja center) 提供訓練和輔導諮詢，建立資源網絡平台，利用政府提供的經費補助，鼓勵和協助年輕人投入或創立社會企業，並成立和鼓勵民間社會企業發展團體 (Incubation Institutions) 去推動社會企業價值觀。其中，韓國的社會企業網絡 (Social Enterprise Network) 、共同努力基金 (Work Together Foundation) 和首爾青年創新中心 (Seoul Youth Creativity Centre) 等。通過培訓年輕人的社會創業和與商界領袖的分享，韓國的社會企業生態系發展得到了增強 (Kim & Cho, 2013) 。

3.4 泰國：

泰國的社會企業發展雖然只有約 10 年的歷史，但已有約 10 所大學提供社會企業和社會創業相關課程。此外，通過不同的民間中介機構的培訓項目和活動鼓勵人民參與社會企業，例如在 2011 年舉辦了各種有關社會企業的活動，包括工作坊、培訓和導師計劃，以協助年輕人籌辦社會企業。政府機構「鼓勵社會創新」(National Innovation Agency (NIA)) 支援年輕人提出的社會創新意念，使其意念成為社會企業。另一個名為「學校改革者」的中介機構，提供七個月的社會企業培育計劃，並鼓勵參與者開展新的社會企業項目。該組織還提供大學網絡聯繫，並協助學校設計有關社會企業和創新的課程和課外活動，以鼓勵更多學生參與社會企業和成為變革者 (British Council, 2020)。

★ 3.5 越南：

越南對社會企業的支持方法類似於泰國，通過培訓中心和共享工作空間
(Incubation and Co-Working Spaces)，為有志於開展社會企業的人
士提供學習創業和營運社會企業的項目培訓，並透過提供共享空間鼓勵
參與者分享經驗和減少他們的營運成本。此外，還有一些中介機構提供
專門的商務服務、培訓和師徒制指導，例如 CSIP、Spark、HATCH!、
Ventures、Evergreen Labs 育成機構等，提供創業和其他支援社會企
業的服務，使越南的社會企業得以茁莊成長和發展 (British Council,
2019 & 2020)。

3.6 新加坡：

新加坡在高等教育方面推動社會企業教育，例如新加坡國立大學提供社
會創新等課程，以鼓勵大學生參與社會企業。政府更資助成立社會企業
基金，並營造青年創業的環境、培訓和氛圍，例如「青年社企精神培養
計劃」(YSEP) 鼓勵各級學校支援學生參與社會企業計劃，並以「SCAPE
青年中心」作為青年創業的培育基地。此外，還有社會企業協會和社會
企業發展中心等中介機構，提供培訓、顧問服務和財務支援，支援社會
企業的發展。政府還定期舉辦有關社會企業的節日活動，讓更多新加坡
人民了解社會企業。此外，政府鼓勵市民購買由社會企業經營的商品和
服務，以支持社會企業的發展 (British Council, 2020)。

綜合而言，為了推廣社會企業並促進其發展，以上各國都從教育體
系入手，特別是高等教育和青年人。其次，通過培訓和廣泛的活動宣傳，
才能夠有效地向社會注入新的思想，進而推動社會企業的發展和推廣。
因此，在推廣社會企業的過程中，教育和傳播宣傳方面都是至關重要的。

小結及討論

　　從上世紀八十年代的社會創業家運動開始，歐美等國因應本國情況發展了社會企業，而亞洲國家也在本世紀 20 年內逐漸開展。在歐洲大陸等國，由於厚積薄發的社會經濟 (Social Economy) 概念，社會企業得以自然而然地發展。歐盟各國一般將合作社、互助組織、協會、基金會等統稱為「社會經濟企業」 (Social Economy Enterprises)，實際上，這樣的組織形式也屬於「社會型企業」(Social Enterprises) 的範疇。儘管各國使用不同的術語來描述社會企業，但它們都圍繞著社會、生產或服務以及民主參與三大方向。以商業模式 (Business Model) 解決社會問題 (Social Mission) 的社會企業才更趨於成熟，因此社會企業被視為對國家經濟體制的重要補充 (Defourny, 2001)。

　　從對本文所敘述的國家的政策分折，可以推敲到一些較佳發展社企的方法 (Best Practice)：

　　第一，在支援社會企業方面的政策須具有清晰的目標，不僅局限於福利扶貧，還將社會企業納入到就業和整個經濟發展中。以英國政府為例，社會企業政策由商務和工業部門執行，社會企業的定位不僅是旁觀者，而是與整個經濟發展融合在一起。

　　第二，在支援社會企業方面的政策須建立了一套有效的社會企業法制或監管機制，以區分社會企業在社會層面 (Social Dimension) 的特點和與其他企業的區別。這有助於避免因政府對社會企業的支持而引起一般中小企業認為受到不公平對待的情況。例如，英國和美國在關於社會企業的法律中更加注重規範社會企業的資產和盈利分配，這種法律模式與商業企業有所不同，有助於吸引投資者。

第三，在支援社會企業方面發展上須有效的財務架構，並與商界建立了強大的夥伴關係。僅靠政府的支持無法確保社會企業的長期發展，尤其是公共資金的使用通常受到規範的限制，缺乏靈活性，未必能夠配合商業市場的變化。因此，社會企業需要謀求獲得資本市場的注資，例如影響投資 (Impact Investing) 等。英國、美國和新加坡等國家鼓勵商界對社會企業進行投資。在英國，一些銀行甚至將客戶的儲蓄用於支援社會企業的發展。

第四，在支援社會企業方面須有持續的政策推動作持續發展，由相關政府部門和最高層次架構進行協調和執行。例如，西班牙和意大利的社會企業目標是增加就業，因此相關的勞工部門領導執行和推動這一目標。政府還通過採購政策和社會高等教育的價值觀培養等方式，營造一個適合社會企業發展的環境，使其成為一種不僅僅是福利服務附屬品的公益經濟行為。

綜合而言，社會企業對歐洲經濟和勞動市場有很大的影響力，尤其是在意大利、西班牙和英國等國家，對國內生產總值貢獻相當可觀。歐盟已經進行了不少研究，並提供了相關的經濟數據，以證明社會企業對歐盟國家在社會、經濟和國家發展方面的貢獻和重要性。相比之下，亞洲的社會企業發展仍處於起步階段，主要集中在處理弱勢社群、農村和環境等問題上，對社會和經濟的影響仍有待進一步的研究。

2006 諾貝爾和平獎得主尤努斯的夢幻啟示

3

第三講　2006 諾貝爾和平獎得主尤努斯的夢幻啟示

香港人喜愛旅遊，經常選擇前往熱門旅遊國家，例如歐洲、日本、韓國、泰國或台灣等地。但是，很少人願意到一些貧窮落後的地方旅遊。在 2014 年，我和一群志同道合的朋友有機會出訪孟加拉共和國，這次特殊的旅程讓我們看到社會企業是如何產生減貧和區域發展的社會影響的。同時，我們還有幸見到了社會企業界的巨人。我們二十人受邀出席由鄉村集團 (Grameen Group) 舉辦的社會商業日 (Social Business Day)，這是一個有關社會企業的國際研討會。我很榮幸成為閉幕禮上的演講者之一。除了研討會，我們還參觀了當地的社會企業，並與 2006 年諾貝爾和平獎得主穆罕默德‧尤努斯 (Muhammad Yunus) 會面。

尤努斯是一位蜚聲國際的社會企業界巨人，他的著作及思想影響了不少企業家及地區。他的著作《窮人的銀行家》被紐約時報形容為世紀暢銷書。

"尤努斯提出的概念，廣泛地衝擊了第三世界國家…，由概念創始人親自執筆的無貧世界理論，對照美國式的依賴濟貧迷思，更能發人深省。"－－華盛頓郵報；

"具有真知灼見、強調實踐的穆罕默德‧尤努斯，使祖國孟加拉與全世界上千萬人的生活獲得改善。"－－洛杉磯時報；

自從 1971 年孟加拉獨立以來，這個國家一直在內憂外患中苦苦掙扎，大部分時間處於最不發達和極度貧困的國家之列。孟加拉所面臨的貧困是極端的，甚至無法滿足人類基本需求。然而，到了 2021 年，在聯合國發展政策委員會會議上，孟加拉從最不發達國家的名單中被剔除，這對孟加拉來說是一個極其意義深遠的事件。孟加拉人民是如何應對和解決貧困問題，並實現經濟快速發展的目標？夢想家穆罕默德‧尤努斯提出了哪些方案來解決這些問題，值得我們深入了解 (Hossain, 2019)。

不一樣的天空：孟加拉

2017 年，樂施會發布了一份有關全球經濟的報告，顯示自 2015 年以來，全球最富有的 1% 人口所擁有的財富比其餘 99% 人口多。更令人震驚的是，全球最富有的 8 個人擁有的財富，相當於全球一半貧窮人口的總資產。未來 20 年，預計全球前 500 名富豪將擁有 2.1 兆美元的財富，這個數字將超過印度的國民生產總值。此外，一名富時指數企業高管的年薪，相當於孟加拉一間製衣工廠 1 萬名工人的年薪總和（余秋婷與伍啟衛，2017）。

根據 2018 年《信貸蘇黎世全球財富數據手冊》的調查，歐美等富有國家擁有全球財富的約 44.8%，而最貧窮的國家只有 1.9%。這顯示全球財富分配的不平等，特別是第三世界國家。儘管這些國家擁有世界上大部分的人口，但它們所擁有的資源和財富卻極少，不成比例。孟加拉國就是其中一個最貧窮的國家之一。

孟加拉國位於印度次大陸，其建國史充滿著戰爭、流血和淚水。在印度於 1947 年獨立之前，印度是英國的殖民地。撤離時，英國將印度大陸分為兩個主要部分：印度和巴基斯坦，而巴基斯坦又分為東、西兩部分。由於宗教和種族問題的爭端，東、西巴基斯坦經常發生衝突和戰爭，導致大量流血。在經過多次戰爭後，1971 年東巴基斯坦宣布獨立，成立孟加拉共和國，首都設於達卡。孟加拉國人口約有 1.6 億，由於經常受到水患等自然災害的影響，加上政府腐敗，該國在第三世界中是一個非常貧困的國家。

資本主義的反叛者？

穆罕默德·尤努斯 (Muhammad Yunus) 出生於一個中產家庭。他畢業於達卡大學，之後獲得傅爾布萊特獎學金前往美國，在範德堡大學攻讀經濟學。1972 年，他回到孟加拉國擔任吉大港大學經濟學系系主任。1974 年，孟加拉國陷入嚴重饑荒，尤努斯看到自己的同胞生活在水深火熱之中，感到無助和悲傷，儘管他懂得許多經濟理論，但卻無法幫助國家渡過難關 (Yunus, 2017)。

尤努斯看到當時社會上大部分窮人因無法從傳統金融機構取得信用貸款，只能被高利貸業者剝削，認為這十分不公平。於是，他啟發出向窮人提供微型貸款的想法。他先向 42 名婦女借出 27 美元 (約 211 港元)，幫助她們購買材料開展竹製品小生意。這少量資金成功改善了這些婦女及其家人的生活。因此，他從 1976 年開始自行建立向貧窮人發放貸款的計劃 (Yunus, 2007；Grameen Bank, n.d.)。1983 年，他正式成立 Grameen Bank，這是一家專門向貧困的婦女發放小額貸款的鄉村銀行，幫助她們經營小生意，擺脫貧困。

這種模式隨後擴展至全球，甚至連發達國家如美國也爭相倣效，因此尤努斯被譽為「微型貸款之父」。他和鄉村銀行在 2006 年獲得諾貝爾和平獎，獲獎原因主要是因為他創立了微型貸款，以無抵押方式向數百萬貧困農民提供借貸，幫助他們脫離貧困。多年來，尤努斯不僅奔走於世界各地，推動幫助貧困人士自力更生，也致力於推廣另一種與資本主義不同的企業概念—社會企業 (Social Business)。

顛覆傳統的鄉村銀行 (Grameen Bank)

鄉村銀行 (Grameen Bank) 與一般傳統銀行不同，它的宗旨是協助人們創業及脫離貧困，而非追求獲利。傳統銀行鼓勵消費，但鄉村銀行卻提供小額貸款，幫助那些無法透過傳統銀行獲得貸款的人。鄉村銀行的運作和宗旨與傳統銀行在借貸方面有很大的不同。

傳統商業銀行在借貸方面有幾項原則：

1. 講求風險評估，對借出的款項有多大的機會不能歸還而成為壞帳的估算；

2. 貸款必須有高的利潤，所以也不能太多風險管制，以致影響借貸的意慾；

3. 風險和利潤必須平衡 (Balance of Risk) 及達致盈利的優化點 (Optimization)；

4. 借貸個案若低風險但卻低利潤 (Low Risk, Low Usage)，銀行不值得作出貸款；

5. 借貸個案若屬高風險及高壞帳率 (High Risk, High Charge Off)，銀行也不會處理；

(林雪瑩 2015 在豐盛學會孟加拉團分享會資料)

傳統銀行：目的是減低風險和把盈利最大化

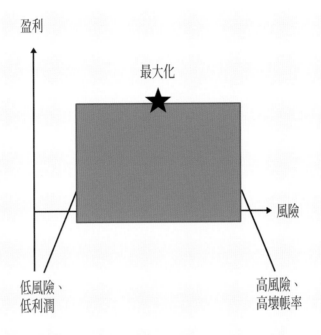

（林雪瑩 2015 在豐盛學會孟加拉團分享會資料）

　　傳統銀行在借貸方面有特定的機制和條件，以確保風險和利潤的平衡。

　　首先，銀行會考慮借款人的背景和職業、薪酬、家庭狀況、財務狀況以及是否有資產可作為抵押品。其次，理想的借貸人必須具有良好信譽、穩定收入並能按時還款，此外必須有擔保人和抵押品。最後，銀行必須通過專業的分析和風險評估，才會決定是否發放貸款。在風險控制的前提下，銀行希望藉由發放貸款來獲取回報。

鄉村銀行的宗旨和機制與傳統商業銀行完全不同。

1. 通過小額貸款來幫助婦女脫貧，而不是以追求最高利潤為首要依歸。

2. 不需要抵押品或背景評估，這使得更多貧困婦女能夠獲得貸款的機會。

3. 即使是高風險的貧窮婦女也可以獲得貸款，這在傳統商業銀行中是不可能實現的。

4. 鄉村銀行為了降低壞帳風險，實施了以下風險控制措施：

　　a. 要求每個申請人都加入一個由相同經濟與社會背景的婦女組成的貸款小組 (5 人組成)，並鼓勵貸款者在各自的營運中互相幫助並一起創造集體的支持及小組的壓力；

　　b. 由於每一組員的貸款請求都要由小組批準，各成員須為每一筆貸款擔負起了道義上的責任，如果小組中有一名成員的貸款不能按時地償還，其他成員也就不能再次得到貸款；

　　c. 借款成員須經強制培訓合格後，才有正式資格借款，並有創業培訓及顧問，協助婦女們持續經營。這些措施可以有效地降低風險，使得鄉村銀行能夠通過小額貸款幫助更多的貧困婦女脫貧。

鄉村銀行：目標是透過鼓勵借貸者創業而達致滅貧

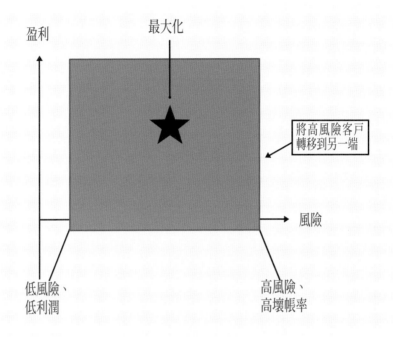

（林雪瑩 2015 在豐盛學會孟加拉團分享會資料）

傳統商業銀行與鄉村銀行的營運理念及借貸方法比較如下：

	鄉村銀行	傳統銀行
目標	滅貧及借錢給貧民為主	賺取最大的利潤
貸款目標	鼓勵創業及生產，批出的貸款一定要用在創造收入的地方，不可以用來消費和享樂。	鼓勵消費，因為越多消費就越需要貸款，更能增加銀行的利潤。
顧客	對象為貧窮女性	普羅大眾及有能力還款的人
借貸	集體為主（貸款小組一般由5人組成）	個人或公司
利息	簡單利息	複式計算
抵押	不需要任何抵押品，以集體形式 ，互相監管	必須有資產作抵押，例如：房屋
利率	20 厘	40 厘
壞帳率	百分之一	百分之六

鄉村銀行的經營模式和貸款概念完全顛覆了傳統商業銀行的營運原則。據 2005 年的數據，鄉村銀行獲利高達一千五百萬美元，而根據 2021 年的統計，鄉村銀行已擁有 944 萬會員，並在 2,568 個分行中提供服務，覆蓋了孟加拉 93% 的農村地區。尤努斯相信借貸是一項基本人權，窮人不應被剝削或限制其借貸的權利。這種銀行模式為許多婦女和貧困人士帶來了巨大的改變，幫助他們實現了自我價值和自我實現 (Bank of the poor Grameen Bank, n.d.)。

有投資但無分紅的社會商業 (Social Business)

尤努斯對於資本主義社會及社會企業有獨特的看法。他認為資本主義應該有兩條腿走路：第一條腿是以營運和盈利為目標，第二條腿則是要注重人性和社會的發展。他所提倡的社會企業，即所謂的社會商業 (Social Business)，是資本主義的其中一條腿。這種企業致力於解決社會問題，需要賺錢以維持生存，但與一般企業不同的是，投資者無法獲得分紅，只能取回全額投資，企業所賺取的盈利必須全部投放在擴展業務和解決社會問題上。這種商業模式使得資本的流動能夠集中於解決社會問題，而非僅僅追求個人利益。尤努斯特別強調，社會商業只注重人性和解決社會問題，不鼓勵將商業化的盈利分紅混淆其中。他採用一種嚴謹的經營模式 (Restrictive Approach)，與其他國家允許「社企」在盈利後將部分利潤分配給投資者的做法存在著顯著的差異。

對於社會商業尤努斯有七個堅持的原則 (Yunus, 2010b)：

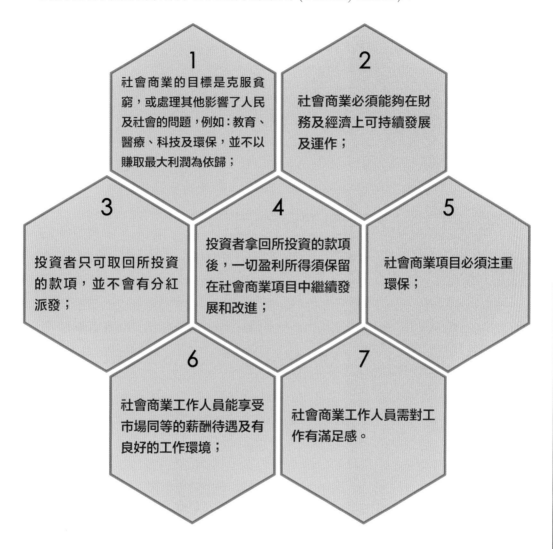

尤努斯所創立的「社企」在孟加拉這樣的貧困地區產生了巨大的社會影響 (Social Impact)。這可能是因為他是一位經濟學教授，深入了解經濟和商業的潛在規則，並且善於運用資本主義商業遊戲的規則。他所建立的鄉村集團 (Grameen Group) 涵蓋了許多領域，包括衣服、食品、電信、再生能源以及醫療和教育等，都是針對孟加拉特定的社會問題而設計的。

鄉村集團中的各個社會企業項目都遵循商業模式運作，包括如何從生產到產生價值，以及針對特定市場 (Market)、定價 (Pricing)、選擇銷售渠道 (Value Channel)、控制成本和收入 (Cost & Revenue)，以及建立合作夥伴 (Partnership) 關係等等。因此，對於有志投身社會企業的人來說，這些經驗和實踐都是非常值得學習的。

切合需求 (Value Propositions)

鄉村集團的社會企業針對當地人民的特定需求和社會問題提供價值主張 (Value Propositions)。例如，孟加拉兒童普遍都受到營養不良的影響，為了解決這個問題，鄉村集團與法國知名公司達能 (Danone) 合作興建了酸乳酪廠 (Grameen Danone Foods Limited)，生產出一種叫做「Shokti Doi」的乳酪。這種乳酪的成分包含了營養不良兒童所需的重要營養素，以此增加當地兒童的營養水平 (Yunus, 2010c)。孟加拉經常發生水災，令水含有毒性，以致缺乏潔淨的飲用水成為一大問題。不但是農村，大城市也面臨同樣的困難。為解決這個問題，鄉村集團籌建了生產潔淨水的公司，名為「Grameen Veolia Water Limited」，以提供孟加拉鄉村居民清潔飲用水。此外，許多農村居民還患有眼疾，如白內障，因此鄉村集團建立了眼科醫院，名為「Grameen GC Eye Care Hospital」，以解決貧困大眾的眼疾問題 (Humberg & Braun, 2014)。

成本 (Cost Control)

鄉村集團擅長運用低成本模式來運營社會企業項目，以產生最大的效益。例如，鄉村酸乳酪廠 (Grameen Danone) 採用低成本高營養價值的食品製作方法，乳酪雖然成分未必如歐美同品牌標準，但含有的營養要素可以滿足孟加拉兒童的營養需求。此外，鄉村集團眼科醫院提供簡單的眼鏡給病人，以改善他們的視力。這些眼鏡被設計成簡約風格，不注重花巧裝飾，成本僅為一美元，以確保病人有能力購買和使用。這種低成本產品滿足了孟加拉人民的基本需求，是一種實際且接地氣的營運方式 (Yunus、Moingeon & Lehmann-Ortega, 2010)。

合作夥伴 (Partnership)

　　尤努斯喜歡與不同的跨國大型企業合資成立社會企業，以借力打力。由於孟加拉是一個貧窮國家，沒有足夠的資金來發展太多大型社會商業，因此鄉村集團與法國的 Danone、法國食水品牌 Veolia、日本的 Uniqlo、SK 夢想、Euglena、加拿大的 McCain 等公司進行合資。通過這些跨國公司的資金，在孟加拉建立生產線，吸引跨國公司的投資，增加本地就業機會，同時解決不同的社會問題。

供應鏈 (Supply Chain)

　　尤努斯善用各類社企項目及鄉村銀行產生協同效應 (Synergy)。鄉村達能酸乳酪廠 (Grameen Danone Foods Limited) 生產乳酪產品 (Shokti Doi)，而乳酪的製品非常需要牛奶的成分。若由城市或外國運送牛奶到乳酪廠，成本必定會提高。因此，整個生產過程先由鄉村銀行向村民提供貸款，讓他們有錢購買乳牛。村民所養的牛生產的牛奶，則由乳酪廠收購，並作為生產乳酪之用。整個供應鏈是一體地發生，由鄉村銀行借貸、村民養牛提供牛奶，再由乳酪廠生產乳酪，最後將產品售出。整個生產過程一環接一環，而乳酪產品的銷售渠道則由村中婦女負責逐村及逐戶銷售，從而增加了婦女的就業機會 (Yunus, Moingeon & Lehmann-Ortega, 2010)。

收入 (Revenue Model)

　　鄉村集團的社企必須具有盈利能力，因此在定價時需要考慮到穩定的收入。就以鄉村達能乳酪廠及鄉村 Veolia 水廠為例，他們的產品不僅在貧窮的鄉村銷售，也在城市市場上販售，從而提高了產品的銷售率和盈利水平，增加了收入 (Grameen Telecom Trust)。

可持續性 (Sustainability)

鄉村集團生產清潔的飲用水、提供流動電話服務和生產乳酪，每個生產項目都能獨立運作、自負盈虧並持續發展，同時還能產生經濟和社會價值，為貧困人口提供急需的服務並創造就業機會。現在，鄉村集團已經發展成為一個龐大的企業集團。他們的企業和產品符合企業模式運作的標準，需要考慮市場需求、創造收入和利潤，同時還有明確的社會使命，針對特定的社會問題設計產品和服務。這就是達成財務持續性和解決社會問題的雙重目標的典範 (Akter et al., 2020)。

夢者的啟示

奇妙的孟加拉旅程及與尤努斯教授的遇上。筆者嘗試歸納數點意見，並藉此提出一些我們在香港營運社企時可學習的地方及啟示 (Insights)：

簡單是福

在香港開展社會企業時，通常需要仿效其他商業的規模和運作方式，例如在提供飲食或其他服務時，會投入大量資源來設計外觀和規模，以利與其他企業競爭。這可能源自香港市場文化或心理傾向。然而，尤努斯所營運的社企從簡樸入手，鄉村銀行並不需要像傳統銀行那樣擁有規模和裝飾，工作人員也不需要穿西裝或擁有豪華的辦公室，一切都從簡單開始。工作人員與借貸的貧困婦女直接接觸，借貸程式也極簡單，基於信任進行。當然，香港和孟加拉兩地在生活水平和商業程度上有顯著的不同，但這提醒我們，在開展社會企業時，可以從多個角度思考，例如在規模、裝修和營運程式上，從簡單出發。

忠於初心

在創辦社會企業時，我們通常會遇到願意投資或捐贈的人，這些投資者或捐款者可能有特定的期望，甚至與我們的營運目標有所差異。面對這些困擾，我們很容易受到試探，考慮是否接受支持，但同時需要改

變我們的使命。尤努斯在與跨國公司談合作計劃時也面臨相同的挑戰，他堅持不分紅或分利給投資者，因此拒絕了不少與跨國公司的合作機會。社會企業和一般商業的區別在於它的社會使命。如果失去這一部分，社會企業就會變得與一般商業無異。因此，在平衡社會使命和財務方面時，必須堅持初心。

營商有道

「商是商」，這句話同樣適用於社會企業。參與社會企業的營運人員需要對營運生意有一定的認識和技巧，才能使這個生意持續發展。尤努斯的經營項目展現了他能夠掌握和善用商業營運技巧，精通成本效益控制、顧客需求和供應鏈管理等遊戲規則。相反，香港的社會企業也有許多經營不善的情況，即使政府資助也難以避免倒閉。因此，社會企業的營運人員必須具備營運技巧，以實現社會企業的持續發展，並讓其使命得以實現。香港的社會企業人員必須懷有良好的社會責任感，同時也要掌握商業技巧，以兼顧社會使命和商業運作。

同心同德

尤努斯在營運社會企業時，善用自身的知名度和社會企業帶來的影響，與具有社會使命的跨國公司合作，共同解決孟加拉的社會問題。單憑社會企業集團的資源、人力和技術，很難解決這個第三世界國家的貧窮問題。通過借力打力，可以大大增強社會企業的實力。香港更加崇尚跨界別的協作，發展社會企業時應考慮尋找與其他公司的合作，以推動社會企業的發展和解決香港的社會問題。

專心專意

在建立社會企業時，有些創業者可能想同時解決多種社會問題，例如聘請殘疾人士、處理環保和文化保育等。然而，過多的社會使命可能會分散精力，最終可能一事無成。尤努斯在解決社會問題時更專注於特定區域，例如針對蚊子繁殖問題建立製造蚊帳的工廠、在農村建立眼科

醫院以解決眼疾等。每個項目都針對該地區的特定問題，以實際方法解決問題，而不是列出過多理想主義的問題清單 (Akter et al, 2020)。因此，在建立社會企業時，專注於解決特定問題可能比同時解決多種社會問題更具有成效。

市場薪酬

在香港，參與社會企業營運的人往往報酬偏低。一小部分社企領袖標榜犧牲自己、為社會服務的高尚情操，但尤努斯不認同這種做法。他表示，社企必須有專業和高質素的人才參與，才能發展壯大。因此，在薪酬福利方面，社企應盡量與市場相符，以吸引和留住優秀人才。如果不能提供和市場一樣的薪酬福利，將難以留住人才，影響社企的長遠發展。

喜悅的心

尤努斯強調，從事社會企業的人必須對企業的使命充滿熱情和認同。他鼓勵社企從業者要真心喜愛自己的工作，這樣才能發揮最佳的效果 (Yunus, 2010a)。因此，從事社會企業的人應該以喜悅的心態工作，充滿熱情和動力，迎接挑戰，實現企業的使命。

小結及討論

　　尤努斯所創立的微型貸款及社會商業,顛覆了傳統的貸款及企業運作模式,最終讓他獲得諾貝爾和平獎。有些人質疑,他的成就在於改變社會企業的商業行為,應該獲得諾貝爾經濟獎。但筆者認為,他的成就在於創造了「鄉村銀行」,這不僅破除了傳統經濟學理論的盲點,還創造了一種另類貸款機制,以微型 / 小貸款給予窮苦婦女自行創業及自力更生,改善生計。這個創舉讓鄉村和世界接軌,使孟加拉社會走向和平與發展,防止貧窮導致的不穩定和災難。正如前美國總統卡特所言,尤努斯給予窮人自助的力量,他帶給窮人的不是食物,而是比食物更重要的基本保障 (社企流,2014)。

　　尤努斯所創立的社會企業模式巧妙地運用了資本市場,從中產生社會價值,開創了企業利益和經濟發展的結合,並與國際企業聯合創造商機,提供孟加拉人民生產和創業的機會。尤努斯並不反對資本主義,他只認為現今的資本主義只側重追求最高盈利,忽視了其應有的人性化面向。可以說,他的努力為重新啟蒙了資本主義提供了機會 (謝家駒,2012)。

　　尤努斯所創立的社會企業涵蓋衣、食、住、行、電訊、再生能源、醫療和教育等多個領域。他的營運方式啟發我們如何以低廉成本產生高效能的社會企業,以及如何與跨國企業合作產生更大的協同效應。尤努斯的理念是以社會使命為本,營商為副;他善待員工,使其能夠快樂地工作,這種精神值得我們學習。

　　尤努斯教授的工作並非受到所有人的稱許。在他的祖國孟加拉共和國,他因觸及了他人的政治利益,加上自身影響力已遠超一個國家元首之上,被迫辭去鄉村銀行管理階層的職位。關於他創立的微型貸款模式,也受到個別學者的批評,特別是對於人人都是創業者,尤其是窮人這一點持不同意見。批評者認為,即使窮人獲得貸款,如果他們缺乏技能和營運知識,對於他們來說並不會有幫助,反而只會加深他們創業失敗的

挫折感。此外，將債務放在一些基本上無能力償還的人身上，並不是真正的幫助，只會讓他們陷入更大的苦海，加劇他們的經濟困境。這些批評需要在後續的討論中進一步探討。

　　盡管尤努斯的想法與現今商業社會的概念不同，但自然會有人欣賞也有人反對。筆者認為，他所提出的事物並不僅僅是微型貸款或社會商業的概念，更重要的是他以全新的方式和思維去解決孟加拉的各種地區問題。他充分了解如何利用資本市場來解決貧困、飢餓和不平等等問題，並在他的家鄉孟加拉率先實踐。微型貸款不僅提供了創新的金融服務，透過向窮人提供小額貸款，讓孟加拉農村婦女創業，帶領家庭脫離貧困。更重要的是，微型貸款在過去幾十年已經成為一場消滅貧困的運動，遍及全球，惠及一億多個家庭。他的成功在於推動了一系列改革創新，為全球社會帶來實質性的影響。

香港社會企業

4

第四講　香港社會企業

　　2016 年由香港社會企業總會主辦的社會企業世界論壇是一個非常重要和盛大的活動，吸引了來自全球各地的社會企業從業人員、專家和學者參與。透過這次論壇，香港社會企業展示了它在推動可持續發展和解決社會問題方面的實力和影響力，也促進了不同國家和地區之間的交流和合作。該論壇也探討了一系列與社會企業相關的重要議題，如社會企業在平衡和重塑經濟方面的角色、市場開發、競爭優勢等，對於整個業界發展具有重要的啟示作用。

　　在 2016 年一項有關於最適合發展社會企業的國家或地方調查中，香港在最適合發展社會企業的方面，與英美及其他國家並列，彰顯了香港在社會企業生優勢和潛力。雖然在政策支持和公共理解方面排名不是排名前列，但也凸顯了香港社會企業還需要更多政策和社會的支持。總的來說，香港社會企業在國際舞台上取得這樣的成就，是值得肯定和鼓舞的 (林以涵與林冠吟，2016)。

　　香港的社會企業發展約 20 年，但在社會企業之前，非牟利機構和地區街坊福利會已經有了一些類似自負盈虧的項目，如提供廉價醫療服務給貧困人士的診所等。此外，也有不少街坊會和農業合作社以商業運作的形式運作。基督教豐盛職業訓練中心在上世紀八十年代已經率先以商業運作模式營運汽車維修中心，並協助更新人士重新投入社會。直到 2000 年「社企」一詞在香港才漸被採用。

　　原因之一是香港特區政府在 2001 年改革了對福利機構服務的資助模式，使得不少福利機構需要謹慎地自行理財，發展社企就成為其中一個選項。

　　第二個原因是政府積極推動社會企業作為解決失業和扶貧的方法。在 2008 年的亞洲金融風暴後，香港經濟受到影響，貧富懸殊的差距加大。政府開始重視香港的深層次問題。

社企政策發展

香港社會企業的迅速發展得益於香港政府的大力推動和民間組織的積極回應。前特首曾蔭權在 2007 年第一份的施政報告中，多次表示會大力支持社會企業的發展，以解決市民失業和貧窮問題。政府在政策和資源調配上也支持整體的社會企業的發展，並將社會企業的相關政策歸屬於民政事務局局長的職權範圍，採取地區為本的方式推動社會企業。此外，政府還成立了社會企業諮詢委員會作為協作機構。

以民政事務局牽頭及採取地區為本方式推動的社會企業，其政策定位是以市場為導向的社會企業，旨在透過商業模式實現社會目標，並提高社會企業的自負盈虧能力，以實現可持續發展。其次，這些社會企業也要致力於支持弱勢社群，提供就業機會，並鼓勵跨界別協作，以促進社會和諧。

政府更分別設立不同的基金以提供財務資源，例如其中包括在 2001 年社會福利署成立「創業展才能」計劃，透過向非政府機構提供種子基金，支持他們開辦小型企業業務；2002 年勞工及福利局成立了「社區投資共享基金」，提供種子基金，透過鼓勵鄰里守望相助、社區參與及跨界別協作模式；2006 年成立的「夥伴倡自強」協作計劃，專門支援成立社企及 2012 年，成立的「社會創新及創業發展基金」，撥款五億元 (陳茂波，2019)。

以上四項基金各有其關注重點，例如 2001 年的「創業展才能」計劃旨在促進殘疾人士就業；2002 年的「社區投資共享基金」旨在凝聚社會資本；2006 年的「夥伴倡自強社區協作計劃」旨在推動社會企業的成立和發展；2012 年的「社會創業及創新基金」則進一步鼓勵創新方法解決貧窮問題，但其資助的項目多以創新及開展項目為主，如製造機械設備、協助中風病人等。這四項基金都關注於扶貧及協助弱勢社群，並由公帑提供啟動資金，基金申請也不限於社會企業 (立法會，2021)。

　　香港社企在過去那麼多年中，確實經歷了不同的發展與轉變，特別是在政府積極的角色下。然而，社企與扶貧及對弱勢社群就業的關係，是否能夠達到當年政策的目標，仍需要進一步探討和評估。過去的政策對於社會企業在解決香港貧窮和為弱勢社群就業方面起到了一定的作用，但是在實施過程中，也面臨了一些挑戰和限制。因此，需要進一步加強政策的執行和推動，以促進社企的發展，並提高其在解決社會問題方面的能力和效果。

社企生態轉變

　　早期發展的社會企業絕大部份由非牟利機構所主導，並以回應扶貧及就業為主，其社會使命主要在於為弱勢社群提供工作機會。因此，在提供服務及產品方面，零售業、生活百貨及飲食業等勞工密集的混合工作，以工作混合模式社會企業形式佔主導地位。這些社會企業很大程度上聘請了許多弱勢社群的員工，這是其歷史背景因素。然而，隨著時間的流逝和越來越多不同界別的參與，社會企業的生態已經發生了不少的改變，值得我們關注。

1. 社會企業的數目

　　據每年由香港社會服務聯會編制的《社企指南》登記資料，從2008年至2021年的社會企業項目數量一直在增長。從2008年至2009年，社企項目的數量從269間增加到2009至2010年的320間，增幅率達到了18.9%。接著，2011至2015年度的增幅率分別為11.9%、10.3%、12.6%及15.3%。這種增長趨勢一直持續到2015至2016年，之後才降至單位數8.9%。而2016至2017年為6.3%、2017至2018年為7.2%及2018至2019年為0.46%。直到2019至2020年，社企項目的增幅率再次回復至雙位數字。整體而言，從2008年的269間增長至2021年的659間，增長率為約40%。在2022年4月，全港社會企業項目的數量已達到711間，較去年增加約7.9%。截止至2023年4月，共有713社企項目並同時營運社會企業機構的數量也從2008年的103間增加至2023年的381間(香港社會服務聯會社企指南2023)。

社企增長的數目及營運機構

類型／年份	2008-2009	2009-2010	2010-2011	2011-2012	2012-2013	2013-2014	2014-2015	2015-2016	2016-2017	2017-2018	2018-2019	2019-2020	2020-2021	2021-2022
社企項目	269	320	329	368	406	457	527	574	610	654	651	666	559	711
營運機構	103	99	116	124	150	190	221	238	262	301	311	326	341	368
慈善機構（豁免繳稅）	87	84	100	105	125	125	137	142	139	147	137	145	142	147
非慈善機構	16	15	16	29	45	65	84	96	123	154	174	181	199	221

　　英國文化協會在 2020 年進行了一個關於香港社企生態的調查，所得資料有助補充社會服務聯會社企指南提供的資料。根據推算，現時香港中小企約有 1,707 至 3,414 間；慈善團體中約有 1,149 至 2,246 間；而合作社中大約有 80 間。綜合起來，現時香港大概有 2,936 至 5,740 間以社企模式運作的組織 (British Council, 2020)。儘管社會企業指南和英國文化協會對社企的定義和所推算的數字有所不同，但已經證明香港現時社會企業數量不少，並在持續增長中。理論上，當香港擁有了足夠的社會企業，就能提供更多的就業機會給弱勢社群，並促進香港的勞動力市場。例如，歐洲的西班牙和意大利，已經提供了大量的就業機會，顯示了社會企業如何增加職位，並對整個經濟做出貢獻。但是，香港現時極缺乏這方面的數據，只有部分支持社企基金所報告的項目數字。

2. 社企的規模

　　根據英國文化協會的調查，香港社會企業可以聘請的員工數量並不多。調查顯示，有 70% 的社企只聘用少於 10 名員工；21% 聘用 10 至 29 人及多於於 200 人規模只佔 1%。這顯示香港社會企業規模大部份屬於微小型企業 (是指僱用少數人員的小型企業) (British Council, 2020) 。只有一兩間社企，例如「明途聯繫」，才有較大規模的營運預算可達到一億元，並能夠聘請更多的弱勢社群。其中的原因可能是政府基金主要支持初創社企，這些企業通常都是規模較小的企業，因此很難僱用大量的員工。

3. 由非牟利組織主導轉向多元化

　　根據社企指南提供的數據，2008 年至 2011 年間，香港社會企業的發展初期，有 80% 的社企由享有稅務豁免的慈善團體營運。直到 2015 年至 2016 年，這個數字才下降到 50%，而由非享有稅務豁免的團體運營的社企則提升至 40%，其中不乏商界人士進場營運社企。而截至 2019 年至 2020 年，有約 55% 的社企由非享有稅務豁免的慈善團體營運。截至 2022 年 4 月，全港共有 711 家社會企業，比去年增加了約 7.9%。這些企業由 368 個組織經營，其中有 147 家 (佔 39.9%) 享有《稅務條例》第 88 條的稅務豁免，221 家 (佔 60.1%) 則未獲豁免。這顯示越來越多不同類型的社企投入了這個市場，並有更多的界別人士願意投身於社企業務，從而使香港社企組織變得更加多元化。

4. 提供服務種類的變化

　　根據社會服務聯會匯豐社企中心在 2012 至 2013 年進行的香港社企概況研究，其中有 70% 的社企主要提供生活百貨 (28%)、飲食 (27%) 及醫療護理 (24%) 等服務。其餘 30% 的服務類型包括商業支援 (15%)、環保回收 (13%)、教育及培訓 (10%) 以及家居清潔、物流汽車服務等。到了 2018 年，根據社企指南提供的資料，佔總數最多的前三個類別分別為「生活百貨」(16%)、「飲食」(16%) 和「健康護理及醫療」(15%)。到了 2019 年，飲食 (15.5%)、愛惜地球 (15.2%) 及健康護理 (15.2%) 成為了主要服務類別，其他行業的分布包括教育及培訓 (13.3%)、藝術文化 (13.3%) 和企業服務 (7.5%)。到了 2021 年，佔總數最多的前三個類別分別為「健康護理及醫療」(15.3%)、愛惜地球 (15.2%)、「生活百貨」(14.3%) 及「教育與培訓」(13.8%)。從 2022 年的數字來看，佔總數最多的前三個類別為「教育與培訓」、「健康護理及醫療」及「生活百貨」。從服務類型的演化分析，香港的社企漸由非技術性走向專業性。

首四個服務類別（社會服務聯會）			
	1	2	3	4
2012	生活百貨	飲食	醫療護理	商業支援
2018	生活百貨	飲食	醫療護理	/
2019	飲食	愛惜地球	健康及護理	教育及培訓
2021	健康及護理	愛惜地球	生活百貨	教育及培訓
2022	教育及培訓	健康及護理	生活百貨	/

根據英國文化協會香港的調查分析，香港的社會企業主要集中在教育服務 (15%)、商務發展服務 (14%)、長者服務 (10%) 及文化藝術 (9%) 等領域。這也符合社會企業指南所述，香港的社會企業正由勞工密集型逐漸轉向較專業化的服務，例如教育、商務發展和長者服務等 (British Council, 2020)。因此，香港社會企業是否能夠繼續為弱勢社群提供大量就業機會，實在值得懷疑。

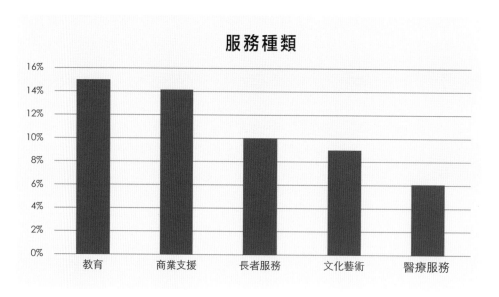

(British Council, 2020)

從以上數據可以看出，自 2007 年至 2022 年間，香港社會企業的數量由政府主導下增加了一倍以上。然而，社會企業的生態形式也發生了變化。早期的社會企業多為非牟利機構，以提供弱勢人士就業為使命，

但現在社會企業的參與者更加多元化，並以社會企業的運作模式解決不同類型的社會問題，例如環保已不再只是為了提供就業機會。這是一個值得歡迎的發展，因為可以豐富香港社會企業的多樣性，但同時也可能影響到解決失業問題的效果。

在服務或營運形式上，香港社會企業已經漸漸從早期發展時以勞工密集和低技術為主，轉向更專業的行業，例如環保、教育和商業顧問等，並逐漸轉向更高增值和技術的行業，而不是繼續提供大量的就業機會。

儘管社會企業的數量不斷增長，但高速擴展的例子並不多見。能夠實現自負盈虧已經相當不錯了，繼續發展甚至擴大仍然相當困難。在規模上，香港的社會企業仍然以小型和微型企業為主，有規模的社會企業數量不多。規模較小的社會企業自然難以聘請更多的員工，且大部分仍處於開展階段，因此能夠招聘的人員非常有限（譚穎茜，2014)。如果我們僅將社會企業定性為扶貧和增加就業的政策工具，並從經濟和社會效益的角度評估政策的成效，那麼必須分析社會企業與扶貧和增加弱勢社群就業之間的關係。

扶貧及殘疾人士就業情況

根據政府統計處的數據，在 2020 年，香港約有 534,200 名居住在院舍和住戶內的殘疾人士，佔全港人口的 7.1%。然而，殘障人士的就業率普遍偏低，導致許多人因無法找到工作而依賴社會福利援助。據 2013 年的報告指出，香港殘障人士的貧窮率高達 45.3%，比整體貧窮率 19.9% 高出一倍。他們貧窮的主要原因是缺乏工作，因此失業率比一般人高出約 50%。政府於 2013 年進行的一項全港性統計調查顯示，在當時 15 歲及以上的殘障人士中，只有 13.6% 獲得就業機會，而在持有專上學歷的 43,900 名殘障人士中，就業人士佔 34.7%。但該調查未能提供失業率和就業不足率的數據。因此可以看出，殘障人士的就業問題仍然存在許多困難（政府統計處，2021；趙立基，2020)。

　　政府在曾蔭權年代開始大力鼓勵成立社會企業，以解決貧窮問題並為弱勢社群創造更多的就業機會。然而，現時職業技能培訓的名額不足，不少殘障人士即使希望藉由培訓來提升工作技能和增加就業機會，也欠缺所需的培訓機會。綜合考慮職業復康服務中心、輔助就業、在職培訓計劃、庇護工場等服務的需求日益增加，但服務卻未能滿足需求。社會企業在這方面其實也不是甚麼靈丹妙藥，因為現時社會企業的數量不多且規模較小。根據社企指南資料顯示，目前香港約有 700 間社會企業，與香港整體經濟相比，實在微不足道。此外，社會企業能聘用的殘障人士數量有限，工種也偏向於低端種類，離解決殘障人士失業問題仍然遙遠。

　　就扶貧情況而言，在 2012 年 6 月 14 日的立法會答問大會上，前任特首曾蔭權承認在任期間貧窮問題惡化，他表示一直錯誤地相信只要「經濟起動，造大個餅，透過滴漏效應，各階層自然可以共享」，可惜現實與理念不符。此外，根據 2016 年的香港堅尼系數指標，即使經過政策介入（除稅後及福利轉移），堅尼系數仍處於高位 0.473，是 45 年來的新高。樂施會認為香港是貧富差距最大的地區之一。政府在 2021 年底發佈的《2020 年香港貧窮情況報告》中，報告指出香港貧窮人口高達 165.3 萬（政策介入前），貧窮率達 23.6%，是歷年新高，情況令人憂慮。由曾蔭權推動的社會企業作為解決貧窮問題的目標似乎並不有效，難以將社會企業與政策目標建立關聯，而政府也很少談及社會企業對經濟的影響（趙立基與紀治興，2013）。

問題所在及如何完善

如果政府仍需按照前任特首曾蔭權先生制定的社會企業政策去解決香港貧窮問題並增加弱勢社群的就業機會，政府需要整理現有措施並制定更有系統的政策，以增強社會企業對社會民生及經濟的影響，須正視以下幾個問題：

第一，社企定位不清

以英國政府的政策定位為例，社會企業的政策由商務和工業部門負責執行，社會企業的角色和目標不是輔助模式的旁觀者，而是將社會企業與整個經濟發展融為一體或跨越經濟層面。例如西班牙和意大利，社會企業的目標是增加就業，並由相關的勞工部門主導執行和推動；而南韓將社會企業放在社區經濟層面上，成為以公益經濟為本的另一種企業類型。如果社會企業只是為了向社會提供一個新渠道，通過創意方式滿足不同群體的需求，或鼓勵跨界別協作和建立新的關懷文化，從而促進社會和諧，當然有其可取性並無可厚非。但是，如果政策定位是要對整體經濟做出貢獻，增加就業和消除貧困，就必須從投資和擴大的角度來看待社會企業。

反思香港社會企業政策的目的，雖然是放在增加就業和扶貧的框架內，但在執行上卻由民政事務局（現改為民政及青年事務局）、社會福利署和扶貧委員會主導。這種分散的推動方式影響了政策目標的實現和推行，也缺乏實質數據來展示其成效。現在，我們的政策可以說只是借用少量財務資源，成立不同的基金，以小搏大。與其說是為殘障人士提供扶貧和就業機會，實際上只是將社會企業放在社會服務的籃子裡。

當社會大眾討論殘疾人士就業這個命題時，往往受限於福利模式的思維；以福利受益者的角度去處理殘障人士就業，隱含著對他們的歧視看法；他們受聘與否和貢獻經濟無關。這群殘障人士只是福利政策的使用者，很難與青年就業、提供勞動力和促進社會經濟增長相提並論。如

果我們能像看待青年人為香港難得的勞動力一樣，從促進整體經濟發展的角度來看待這 54 萬人，那麼他們不再只是福利的受益者，而是值得社會投放更多資源去培育他們成為可貢獻社會的一群人，產出的效益也必然不同。

或許我們需要重新思考社會企業的定位，究竟是一種以經濟為本的行為，還是另一種福利政策？若仍受限於福利模式的思維，即殘障人士只能從事低技能工作，那麼即使他們擁有專業教育，也難以找到適合的工作崗位，這樣會浪費寶貴的人力資源。當經濟好轉時，他們可能會有一些工作機會，但在經濟不景氣的情況下，尤其是在新型冠狀病毒疫情下，他們的失業問題更加嚴重，也更難脫離貧困 (趙立基，2020)。因此，我們應該在政策上重新確定社會企業的定位，是扶貧和增加就業，還是增進社區和諧、社會資本和推動青年就業等等。

第二，缺乏確立一套社企法制及監管機制

香港的社會企業雖然已經發展了多年，但與其他地方不同的是，它沒有法律上的明確定義或監管。在社會上，也存在着一些假冒社會企業的情況，這些企業虛假宣傳或未能實現其所聲稱的社會目標。現時，社會企業的監管主要靠業界和社會的自我監察，還未有統一的定論。

例如在 2020 年初爆發新冠疫情時，政府向中小企業撥出防疫基金，但由於一些社會企業只依附於非牟利機構且沒有商業牌照，未符合防疫基金的要求。在香港，社會企業仍未有明確的法律定義，因此政府以業界認同作參考，按照在香港社會服務聯會的社企指南登記，或檢視是否已成為香港社會企業總會的會員，作為資格的批核標準。然而，全然以社企指南和會員資格作為準則，可能會產生另一個問題，因為這些登記或會員都是自願性質，未必能反映真實的社會企業數字。在 2014 年，審計署曾批評政府資助社會企業的基金或計劃分散在不同政府部門，導致資源重疊和缺乏協調。審計報告建議政府需要清楚定義社會企業，以確保公共資源得到合理分配。前任特首曾蔭權在卸任前表示，他在競選時提出的政綱已經兌現，唯一未實現的事情是將社會企業作法律上的定義。

在英、美，南韓和泰國等國，已經對社會企業作了明確的定義，例如英國的 CIC 和美國的 B Corp，這有助於投資者識別社會企業，並吸引投資。儘管民政總署在 2022 年 11 月推出了社企 Tree 標誌計劃，讓公眾能夠更容易地識別社會企業，但它仍然只是一個參考。隨著社會企業領域的發展，政府應在不限制社會企業多元發展的前提下，完善社會企業的定義，確定其法律地位。這有助於區分社會層面和替代商業模式中社會企業的特點，並有助於向公眾宣傳和增加投資者的信心，進而促進社會企業的發展（羅文華，2022）。

第三，未能發展有效的財務架構及缺乏與商界的伙伴關係

香港的社會企業主要集中在微型企業和初創企業，其資金來源主要依賴政府的財務支援（除了社會創新和創業基金）。這些社會企業通常只是短期項目，具有試驗性質，難以維持長期發展，也難以聘請大量員工。政府應該不僅限於初創階段，而是向社會企業的持續發展和擴大推進，提供更多資金支援。政府可以通過四種方向帶領和完善社會企業在財務方面的發展。

第一，審計署在 2014 年 5 月發表的《推動社會企業的發展》報告書中指出，資助社會企業的計劃由不同部門管理，各有不同的資助計劃和目標，部門之間的協調不足，導致資源重疊的問題。因此，政府應重新審視各種支持社會企業的基金，並對其效益進行評估和整改，以確保公共資源的有效利用和集中可評估的成效。

第二，政府不僅應該支持一般社會企業的發展，還應考慮設立專門基金（定向資助）針對提供就業的社會企業，並以混合工作模式為主，以支持他們從初創到擴大發展的階段，從而產生更多的就業機會，擴大企業規模，增加聘請人數，進而對就業和扶貧產生更大的經濟效益。

第三，政府可以推動投資市場，鼓勵商界與社會企業進行合作，促進投資。然而，單靠政府的角色是不足夠的，因為公共資金通常受到很

多限制和規範，缺乏彈性，無法像商業市場那樣靈活。因此，社會企業需要與資本市場建立聯繫，例如影響投資等。例如，英國、美國和新加坡銀行部分使用閒置的儲蓄來支持社會企業的發展。根據英國文化協會2020年的調查，香港的社會企業缺乏社會融資，這在香港作為國際金融中心的地位下，實為落後，與新加坡相比要差。如果香港能夠鼓勵資本市場加大對社會企業的投資，這將是解決社會企業融資問題的有效方法。政府可以效仿英國在2011年成立的「大社會資本」獨立財務機構，作為社會投資中介機構，為不同的社會企業提供資金和支援。

第四，鼓勵跨國公司的合作及擴大社企市場

諾貝爾和平獎得主尤努斯在發展孟加拉社會企業時，多與不同的跨國公司合資成立社會企業，例如達能、Veolia、Uniqlo、SK Dream、Euglena 和 McCain 等公司。借助這些跨國公司的資金，在孟加拉建立生產線，從而吸引跨國公司的投資，增加本土就業機會。香港作為國際金融中心，已經有許多跨國企業的合作經驗。如果貿易發展局能夠加強在這方面的推動和聯繫，對於推動社會企業和解決香港的社會問題必定有所幫助。

為了擴大社企市場，英國政府在2013年制定了《公共服務(社會價值)法》(Public Services (Social Value) Act)，規定地方主管當局、政府部門及公共機構在審批公共服務合約時，必須考慮當區在經濟、社會及環境方面的福祉，大幅增加了當地對社會企業服務的需求，成功地增加了對社會企業供應鏈貨品及服務的需求，增強了它們的經濟角色(立法會，2016)。香港政府曾於2008年推出讓社會企業競投公營服務合約的計劃，給予社會企業。可惜的是，這項政策已於2012年底結束。政府應重新考慮推行公共服務採購政策，並為社會企業創造更大的市場空間。

小結及討論

在前任行政長官曾蔭權先生的任期內，香港社會企業得以迅速發展，政府在促進社會企業發展方面發揮了重要和積極的作用，配合不同的政策鼓勵發展。政府將社會企業放在扶貧和提供就業的定位上，本來是無可厚非和應該的。實際上，每個地方的社會企業必定都有其特定的功能。然而，在這 20 年的變化中，香港社會企業生態已經與當年制定政策時有所不同，因此我們需要重新思考政策能否達到扶貧和提供就業的初衷。

筆者認為，社會企業未能達到扶貧和增加就業的原因之一，是政策上的錯配。以處理殘障人士就業問題的背後思維為例，現時的福利模式框架下，社會企業只是依附在福利服務上，卻沒有考慮如何培訓這 54 萬殘疾人士的勞動力，使他們能為香港做出貢獻；也很少去分析社會企業對香港經濟能帶來什麼貢獻。參考外國的成功例子，如英國和西班牙政府將社會企業作為促進經濟發展的重要一環，推行社會企業政策由主理經濟和勞動力的部門執行和推展。在英國，社會企業政策是由內閣制定，商務部門負責執行，目前有超過 100 萬間社會企業，佔英國本地生產總值的 5%。在西班牙，社會企業由勞工部推行，為該國帶來約 7% 的本地生產總值，並提供了超過 100 萬的勞動力。總的來說，這兩個國家的社會企業得到成效的原因，是因為它們的政策定位清晰，並由主管經濟和勞動的部門執行和推動 (立法會，2016)。

反觀特區政府在社會企業政策上則相對模糊不清。現時社會企業的支援由民政及青年事務局負責，而撥款則分佈在不同的部門，例如社會福利署的「創業展才能計劃」。政府應該在經濟、民政或福利範疇中明確社會企業的角色，以及社會企業所應扮演的角色和貢獻。近年政府不斷鼓勵社會創新和社會創業精神，特別是年輕人的創業，但究竟政府希望社會企業配合哪些政策目標，比如扶貧或是促進年輕人創業，仍然需要進一步的明確化。香港的社會企業應朝向符合政策目標和社會需求的方向發展。

　　我同意能夠創造價值和提供就業是解決貧窮問題的其中一種方法，而社會企業確實可以扮演這樣的角色。然而，現時香港的社會企業生態已經轉變，不再是以非牟利機構為主導，以增進就業和扶貧為主要目標。此外，缺乏公共購買服務政策、社會融資和企業規模以微型企業為主，也限制了社會企業創造更多的工作機會。因此，社會企業提供就業和減貧的迷思仍然存在。香港的社會企業需要面對現實，發揮創新精神，以符合社會和市場需求的方式發展，並為社會和經濟創造價值。

　　單靠增加社會福利或社會企業，而沒有整體經濟政策的協調以及對個別有需要人士的支援、培訓和輔導，未必能長遠地解決貧窮問題。在中國，自 1978 年以來推行改革開放，到 2012 年，貧困人口仍達到 9,899 萬。為了解決這個社會問題，中央政府從 2013 年起提出了明確的扶貧戰略，修正過去「一刀切」的扶貧模式，改為針對不同貧困區域環境和不同貧困農戶狀況，運用大數據等科學方法辨識扶貧對象，並加入各層面的扶持，包括人才支援、資金支持、易地搬遷扶貧、房屋改造、教育、衛生、交通和電力建設等（新華社，2021)。這種因地制宜、因人施策的方法已經取得了一定的成效。因此，在解決貧窮問題上，需要綜合考慮多種因素，並針對具體情況制訂對應策略。如果只是單靠解決貧窮和就業問題，而沒有完整的經濟政策配合，實在太過簡單化了。其次，如果社會企業缺乏可發展和融資的空間，以及缺乏獨立的法律地位和公共政策支持，也很難有效地解決香港的深層次問題。因此，解決社會問題需要綜合考慮多種因素，並採取相互關聯的措施和政策，才能長遠解決貧窮和就業問題。

營運之道

5

　　像一般大眾一樣，我也想當老闆，自己創業，像李嘉誠先生那樣擁有千億企業，不用受老闆氣。然而，創業和經營企業是一件非常困難的事情。我們經常只看到企業的成功，但很少見到企業失敗和破產的情況。正如一句古話所說："一將功成萬骨枯"。在我小時候，我常常夢想搭乘泛美航空 (PAN AM Airline 1927-1990) 的飛機。八十年代和九十年代，泛美航空的飛行路線遍及全世界，是美國的一流航空品牌。它的廣告口號是"泛美航空，與您共創理想，一生中至少坐一次。"然而，這家龐大的航空公司在 1991 年倒閉了。泛美航空的失敗原因在於它過度擴張，無法控制成本，也沒有成功拓展美國本土市場。加上 1988 年的洛克比空難 (Lockerbie Crisis)，最終導致破產。因此，做生意無論大小，都充滿著挑戰，但也是很多人的夢想。

做生意難，做社企更難上加難

　　根據統計，一般新創企業 (Start Up) 只有 66％能夠維持兩年，50％能夠維持四年，約 40％能夠維持六年。只有能夠維持九年以上的企業才有機會達到盈利階段並持續擴展規模 (Scale Up)。創業不成功或倒閉有許多原因，例如：

1. 創業者的想法與市場需求有一定程度的出入。例如：創業者認為自己設計的產品質量非常吸引人，相信有客戶，但卻沒有了解到市場上已經有相似產品而且更價廉物美，市場上根本沒有容納相似產品的空間。
2. 財務管理不善，例如：不懂得控制成本，沒有預算，導致現金流不足。
3. 團隊不和睦，不能互相配合，導致糾紛不斷，最終分道揚鑣。
4. 沒有妥善的營運模式 (Business Model)，如銷售渠道、客戶群、合作夥伴以及滿足客戶需求的策略。
5. 沒有妥善處理產品的設計、定價和成本問題。因此，創業是充滿挑戰的旅程，需要有良好的計劃和策略，以克服可能出現的各種問題 (Kasimov, 2017)。

對於社會企業的創立和營運，我認為它的挑戰更大，甚至更加困難。在第二講中，提到社會企業必須至少有兩個目標，包括財務目標（即盈利）和社會目標（即解決某種社會問題）。相比商業企業，社會企業有更高的要求和更大的挑戰。因此，營運社會企業的難度更高，需要具備更多的技能和知識。

根據 2013 年多倫多大學有關社會企業失敗的研究，發現有幾個主要原因：

1. 過度理想化而缺乏實際的商業營運模式；

2. 未能平衡社會使命，缺乏詳細的實踐計劃（Roadmap）；

3. 未能平衡營利和社會影響，過於重視財務或社會使命；

4. 缺乏營商知識和執行能力；

5. 缺乏從小到大擴展的具體策略；

6. 缺乏市場推廣策略等（Rykaszewski, Ma & Shen, 2013）。

因此，在創立社會企業時，不能只有熱情，還必須詳加考慮社會企業的特殊性質，並有步驟地推行。以下是三部曲，可供參考。

社企三部曲

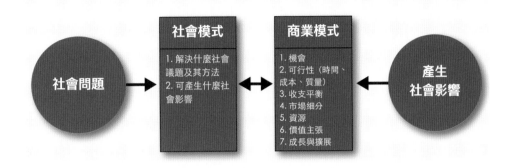

　　在創立社會企業時，必須顧及三個部分，這些部分互相關連，缺一不可，必須謹慎處理：

1. 社會部分 (Social Model)：能夠解決哪些社會問題以及為社會帶來哪些效益；

2. 商業部分 (Business Model)：營運的商業模式，包括商機、財務資源、市場分析和銷售等；

3. 社會效益評估：如何衡量其預設的社會影響 (Social Impact)。

　　如果只注重商業部分而忘卻了社會使命，就失去了社會企業的真正意義；但如果只重視社會使命卻忽略了營運，以致虧損和不能持續發展，也是得不償失的。此外，如果未能評估出對社會的影響或產生的價值，那麼也只是沙漠中的海市蜃樓。

第一部曲：社會部份 (Social Model)

社會這一部分是非常重要的，並且是社會企業的終極目標，相反，商業只是一種手段。因此，在考慮是否要進入社會企業時，這個部分應該非常小心地思考。如果你的目標是要社會企業賺錢，那麼你的理念就不再與社會企業的理念相同了。這個部分的重點在於如何處理社會問題或稱為社會弊病。

社會問題是社會學中重要的課題，社會科學關注的是大眾在社會結構中的事情，而不僅僅是個人的私事。這些問題影響着社會大多數人，引起了大眾的普遍關注。我們可以從三個方面簡要定義什麼是社會問題：1. 是否符合社會運行和發展的現行法律；2. 是否影響社會成員的利益和生活；3. 是否符合社會的主要價值標準和規範 (Manning, 1987)。

不過以上都是從學術角度分析，但作為一個願意投身於社會企業的人士，了解自己被哪些社會問題所觸動是很重要的。因為這種觸動往往是推動我們經營社企的力量。作為經營者，我們需要擁有一顆火熱的心，才能堅持這種史詩式的工作。

經營者首先要問自己，有哪些社會問題特別觸動甚至困擾自己的心靈，並且很渴望盡一己之力去幫助及改變那些問題。因此，個人情懷是開展社企的第一步 (Yunus, 2010)。

　　以下的表格有助於分析和清晰地思考，然後才能決定是否要投身於社會企業的工作。

　　首先，在以下的表格中填上你最希望及感觸情懷的六個社會問題，並填上原因及找出現時坊間有什麼處理的方法。接著，思考現時的解決方法是否有效；然後嘗試在這六個問題中，縮窄至三個，再以同樣方式分析，考慮哪一個問題可能較有商機且有可能成立社企。最後，嘗試只選擇一個選項，作為你認定將要處理的社會問題 (Yunus, 2010)。

　　例子：社會關注自填表 (寫下你關心 / 痛心的社會事情)

	6 個心痛社會問題	選擇原因	現時情況及解決方法	再選三項優先次序	做甚麼及產生甚麼影響	是否有商機	只選一項
1.	販賣人口		國際組織	長者自殺	宣傳教育	不大	虐待動物
2.	長者自殺	有親人自殺	有 NGO	虐待動物	收養及再領養	有	
3.	虐待動物		有 NGO	塑膠污染	回收	有	
4.	性別岐視	身同感受	有法例				
5.	殘疾人士失業		有 NGO				
6.	塑膠污染	太多了	無				

第二部曲：商業部份 (Business Model)

　　開展社企的另一個重要部分是商業模式，這一部分與一般企業創業 (Start Up) 沒有太大的分別。坊間其實也有不少創業方法或技巧，例如精益創業 (The Lean StartUp)。對於初入行或對商業不太熟悉的朋友，可以先學習較簡單且易於理解的商業模式圖表，作為思考的起點。 商業模式圖表 (Business Model Canvas) 提供了一個框架，包括九個相互關聯的商業元素。透過這個框架，協助創業者思考他們的生意 (Osterwalder et al, 2011)。

這九大部份如下：

1. 目標客群 (Customer Segments, CS)：
鎖定服務那些客群；

2. 價值主張 (Value Propositions, VP)：
解決目標客群的問題或痛點；

3. 通路 (Channels, CH)：
如何與目標客群接觸及途徑；

4. 顧客關係 (Customer Relationships, CR)：
如何與目標客層建立並維繫關係；

5. 收益流 (Revenue Streams, R$)：
計算可獲得的收入及如何收費；

6. 關鍵資源 (Key Resources, KR)：
需要的資產及資源；

7. 關鍵活動 (Key Activities, KA)：
用那種主要服務及或產品去解決客戶的需求；

8. 關鍵合作夥伴 (Key Partnership, KP)：
需要那些供應商及合作夥伴；

9. 成本結構 (Cost Structure, C$)：
成本計算。

當然這九個框架只可作為參考，特別是初創者，事實上做實戰時需要兼顧的將會更加廣泛。

第三部曲：社會效益部份 (Social Impact)

社會效益評估是評估預設的社會問題是否得以解決的重要方法。例如，當社會面臨家庭瓦解和虐待兒童的問題時，我們如何證明介入能夠產生效果，並使用哪些評估方法來審核解決問題的可行性和社會價值的改變。

簡單來說，社會效益評估有不同的方法：

第一種是以實證為基礎的效益分析，該方法旨在證明項目對受益者產生了特定的影響，例如可以從不同持份者的角度收集證據。

第二種是量化效益分析，該方法將存在的效益轉換為金錢價值，並使用市場價格進行計算。對於無法使用市場價格來衡量價值的效益，可以使用量化方法來估算其金錢價值 (張博宇等，2017)。

現今香港有多種社會效益評估方法，包括：

1. 香港賽馬會慈善信託基金 BACK (s) 監察及評估框架；

2. 香港社會服務聯會社會影響評估框架 (SIA)；

3. 豐盛社會企業學會社會效益量度 (Social Impact Measurement (SIM))；

4. 香港社會企業總會有限公司社會企業認證標誌 (SEE Mark)

5. 國際社會價值協會社會投資回報 (Social Return on Investment (SROI)) 等。

詳細資訊可參考團結香港基金於 2017 年發佈的社會效益評估指南。本章只簡述其中三種。

a.「**社會企業認證**」(SEE Mark)」計劃由香港社會企業總會聘請中立和專業人士進行評核。該計劃旨在為不同發展階段的社會企業提供四個級別的認證，包括創啟級、創建級、創進級和創越級。認證範疇包括八個方面，如社會使命的創新與價值、社區參與、人力資源政策與實踐、良心消費與文化傳播、企業管治與領導、商業策略與執行、顧客滿意度、財務管理等，要求企業在各方面均能平衡發展（香港社會企業總會，2022 年）。

b.「**社會投資回報**」(Social Return on Investment (SROI)) 以投資所產生的非經濟價值的方式作為評估標準，例如環境或社會方面的價值，並將有關的影響量化為金錢，從而讓公眾可以從具體的角度對社會成本和回報進行全面的考量。計算此回報率有四個步驟：制訂社會目標、描述社會效益的產生過程、將社會效益貨幣化及計算社會投資回報率等。在社會投資回報的公式中，分母是投入的資金，分子可以有五項，這取決於不同的社會事業而有不同的組合，包括財務回報、受惠者財務得益（如工資）、社會成本的減省、社會資本和人力資本的增添，以及受惠者的非財務得益（如項目和生活滿意度等）。社會投資回報較容易被用作衡量一些以工作融合的社會企業，例如聘請了若干個殘疾人士可以減少多少社會成本及他們的收入。用貨幣價值去表達社會成效，較能吸引社會及商業投資者，因為主流的投資多以貨幣單位作為衡量是否值得作投資的標準。不過，以社會投資回報作評估需要較專業性的統計和成本不菲，也可能使社會企業營運者因而卻步（紀志興與趙立基，2013；Paton, 2002）。

c.「**多角度及層面的社會影響評估**」，由社會服務聯會與香港大學共同研發了一個以多角度及層面的社會影響評估的理念框架，是一個實證為本的效益多角度分析方法。該框架以三個層面和六個主要維度分析評估社會影響，每個層面均可設定某一種評估目標及指標。該框架包括以下維度（香港社會服務聯會，2014）：

01 **個人層面：**包括教育、健康、心理狀況等方面；

02 **社交層面：**包括社交關係、社區參與、文化活動等方面；

03 **社會層面：**包括社會和諧、社會公義、環境保護等方面；

04 **經濟層面：**包括就業、貧窮、所得、消費等方面；

05 **機構層面：**包括機構改革、管理效率、專業能力等方面；

06 **政策層面：**包括政策創新、政策效益、政策漏洞等方面。

這個框架有助於評估社會服務和社會企業的影響，從而提高社會服務的效益，並為社會創新和社會投資提供更全面的參考。社會影響評估的理念框架包括三個層面和相應的評估目標及評估維度，具體如下：

1. 個人層面：評估計劃對直接受助者的影響，包括生活質素、自尊感和自我能力感等方面；

2. 社群層面：評估計劃透過幫助受助者促進社群、社區或社會的整體改變，包括社會能力建設、和社會參與等方面；

3. 機構層面：評估計劃建立機構組織的能力增強，包括強化機構組織能力、提高管理效率和專業能力等方面。這個框架可以幫助評估社會服務和社會企業的影響，提高其效益和影響力，為社會創新和社會投資提供更全面的參考。

簡而言之，在開展社會企業時，以上提到的三個問題環環相扣，營運者必須謹慎處理。如果只注重商業方面，卻忽略了社會使命，就會失去社會企業的真正意義；但是，如果僅關注社會使命，而忽略了營運方面，導致虧損或無法持續發展，也不知道如何評估其產生的社會效益，那麼一切也只會徒勞無功，就像沙漠中的海市蜃樓。 因此，在開展社會企業時，必須仔細思考以下三個問題：

個案分析：香港神託會：「大茶壺」小賣部

讓我們以一個真實的案例來體驗社會企業的三部曲： 香港神託會於1962 年正式註冊成立，是香港政府認可的基督教慈善機構。該會開設了 6 所中、小學及幼稚園、1 所牙科診所、7 所夥伴教會、3 所社會企業以及 17 所社會服務單位及營舍，僱用了超過 700 名全職員工，為本港社會提供專業且多元化的服務，對象包括幼兒、兒童、青少年、成年人、家庭以及復康人士等 (香港神託會，2021)。

該會於 2002 年成立了力加服務有限公司 (ARM Service Co. Ltd) ，並於 2004 年開始經營一家名為「大茶壺」的小賣部，以提供飲食服務為主 (Au & Tsoi, 2005)。由此可見，香港神託會在開展社會企業時遵循了社企三部曲：首先明確了自己的社會使命，即提供專業和多元化的服務，

並且確定了適合的商業模式，提供飲食服務以賺取利潤，同時通過該服務為社會創造價值。最後，該會還積極評估了其社會效益，以確保其營運暢順。

社企使命方面

香港神託會曾於 2004 年進行一項調查，調查結果顯示，僱主對於身體殘障人士的接受度比精神病康復者高，他們普遍對精神病康復者持負面態度，這與許多相關文獻的發現相符 (趙雨龍, 2004)。為了解決這個問題，香港神託會嘗試採取與學校、企業和商業合作的社區協作模式，提供真正的工作經驗給精神病康復者，從而走出一般傳統的康復模式，例如倚賴一般庇護工場和輔助就業服務。這樣做符合該會的社企使命，即提供專業和多元化的服務，並為社會創造價值。

從實踐經驗來看，一般的復康服務，例如庇護工場可能會過度保護服務使用者，未能切合現實工作環境和工作期望，而且輔助就業的名額也不多，導致康復者未必能得到充份的就業機會。為了解決這個問題，香港神託會在不同的學校經營小賣部名為「大茶壺」 (TeaBox-Tuck Shop) ，並設定了兩個社會使命：

第一個是為弱勢社群，特別是精神病康復者，提供就業機會；
第二個是讓學生能夠接觸和了解精神病康復者，從而促進共融的社會。

與其他企業純以商業模式經營不同，「大茶壺」不是力求利潤最大化，而是以達成社會目標為主，提供就業機會給精神病康復者，鼓勵學生認識和接納他們，從而長遠改變社會對他們的歧視氛圍，並促進傷健共融的機會。這符合香港神託會的社企使命，即提供專業和多元化的服務，並為社會創造價值。

商業運作

大茶壺的主要價值取向是滿足學校自身的食物需求，並逐漸向外擴展。起初，選擇客戶群為中小學學生，但後來轉向全日制的中學生。雖然學校提供的外部服務必須符合教育署當時的競投規則，但通過與學校家長會的溝通並得到他們的支持，大茶壺得以競投學校小食部的服務合約。

大茶壺的主要關鍵活動是在學校提供飯盒和學生喜愛的零食，以此獲得利潤並支持持續經營。在資金方面，除了該會的投資外，還申請了有關創立社會企業的基金，例如「夥伴倡自本強」，以作為啟動營運的資金。此外，大茶壺的營運策略以內部服務為主，即以學校作為一個市場，不需要花費大量的營銷費用去推廣服務和產品，卻能夠協助精神病康復者就業；產品和服務初以學校為主，後來擴展到營地、宴會等，提供多款式精美食品。

根據 2008 年的統計，當時香港神託會共經營了三所學校的小食部，聘請了超過 13 位曾經患上不同類型精神病的康復者。每個康復者每月的收入約為 4,000 至 5,000 元 (Chiu, 2008)。

大茶壺資料

學校	職位數量	聘請的精神病康復者診斷	工作內容	時薪（港幣）
A	4	•思覺失調 •抑鬱症	•收銀 •清潔 •店員	$19-$22
B	5	•思覺失調 •抑鬱症 •心身症	•店員 •顧客服務 •銷售	$19-$22
C	4	•思覺失調	•銷售 •收銀 •店員	$19-$23

社會投資回報 (SROI)

在 2009 年，由於當時大部分社會企業都在虧損，香港神託會委託紀志興先生和 KEEP 諮詢公司來改善社會企業的營運，並評估其效益。紀先生選擇了神託會旗下的兩個庇護工場和社會企業在不同發展階段進行研究，並使用社會投資回報的方法進行評估。該研究的重點是比較庇護工場和社會企業之間的工作優劣，因為這兩者在"數量"上可進行比較和分析彼此的經濟效益。研究首先將兩者的成本和效益量化，並將其貨幣化，以方便比較兩者的效益。

一個庇護工場每年從政府獲得約 600 萬的資助，其中包括聘請 24 名員工，每年的成本約為 5,401,000 元，服務人數約為 200 人。另外，營運兩間在學校的「大茶壺」每年的收入約為 1,700,000 元，員工成本約為 726,000 元，但可以提供 11 個就業機會。經過將社會效益貨幣化並計算，第一個庇護工場每產生 1 元的工作價值，需要每年 6.4 元的持續資金；第二間庇護工場則為每年 5 元。

在第一階段，當社企尚未進行改善並且仍然虧蝕時，若要產生 1 元的工作價值，該會必須每年注入 1.7 元來維持所有社企。此時，相對於庇護工場需要 5 元，社會企業只需要 1.7 元，兩者的比例是 5 比 1.7。

在第二階段，部分社企項目經過整改，例如關閉了一些未能提供充分工作機會的虧蝕項目，整體投資組合的盈利已有所改善。此時，庇護工場與社會企業的工作價值比例擴大到 5 比 0.7，兩者的差距增至 7 倍。

在第三階段，經過改革和逐步取得成果後，社會企業投資組合開始盈利，財務上變得自給自足，而不再需要注入資金來產生 1 元的工作價值。此時，庇護工場與社會企業的工作價值比例改為 5 比 0，每 1 元的社會企業投資可以產生 2.79 元的收入和 1.08 元的工作價值。透過社會效益的貨幣化比較，社會企業相對於庇護工場在成本效益方面更具價值 (Kee & Chiu, 2013)。

大茶壺由於在學校內營運，能夠提供對康復人士較穩定的工作環境和收入，促進他們的經濟獨立性，減少對福利的依賴。此外，大茶壺還有助於增強康復人士的獨立生活技能和自尊心，提高他們的生活滿足感。此外，「大茶壺」還幫助學生和老師更了解精神疾病，並與康復的朋友進行面對面的接觸，這種教育元素，不僅提高了學生們良好心理健康的意識，也促進了學生的全面成長，並樹立了早期預防工作，減低對精神病患者的誤解 (Chiu, 2008)。

小結及討論

　　社會企業的目標不僅是賺錢，而是通過經營生意來產生對社會的影響和價值。因此，在創立社會企業時，必須注意到三個主要方面：制定社會使命、設計商業模式和選擇適當的社會影響評估方法。這三方面是相互關聯的，參與社會企業經營的人也需要有悲天憫人之心和善於結合資源的能力。

　　「大茶壺」是香港神託會早期以工作混合模式經營的社會企業，旨在提供精神病康復者就業機會，並幫助他們融入社會。當時，民政事務署在官塘地區的論壇中，也以「大茶壺」作為解決貧窮問題的典範。

　　早期商界對社會企業的發展持懷疑態度。施永青先生曾在 2007 年 5 月 30 日撰文認為，商人可以提供大部分社會上需求的商品和服務。他列舉了由香港神託會經營的「大茶壺」和由長者安居服務協會經營的「長者平安鐘」等社會企業，認為商業機構也能提供同類服務，政府額外提供經濟援助只會導致不公平競爭，違背政府一向崇尚的自由和不干預經濟原則（施永青，2007）。這種說法在某些方面有一定的道理，尤其是政府始終認為貧窮有特定的角色，因為貧窮可能導致社會不穩定。然而，政府支持社會企業並不意味著增加納稅人的負擔，相反，它可以減少社會成本 (Social Cost)。

　　「大茶壺」是一個典型的社會企業，提供工作機會給弱勢社群，使他們有穩定的收入，同時也可以帶來有意義的日常生活，與人聯繫，以及自信和自尊等精神上的收穫。儘管「大茶壺」的營運可能不像一般企業那麼專業或缺乏專業的市場形象，但它仍然為弱勢社群提供了一份工作。在「鏗鏘集」的訪問中，一位曾患有思覺失調的「大茶壺」僱員表示，因為有工作，她感到開心，這反映了社會企業對康復者的重要性。

事實上，患有精神病的人，即使康復了也有可能復發，再進進出出醫院，特別是當康復者百無聊賴，終日留在家中，看著四面牆壁，病情容易再逆轉。當有一份合適的工作為他們帶來生活意義，減少他們復發的機會，從而減少社會在醫療方面的成本，這不是一件美事嗎？

香港神託會使用社會投資回報 (SROI) 來比較社會企業和庇護工場的成本效益。庇護工場每年獲得政府約 600 萬元的資助，但相比之下，社會企業提供可持續解決社會問題的解決方案更具成本效益 (Kee & Chiu, 2013)。

然而，社會上對社會企業的認知仍有一些盲點，只看到其營運成果和政府資金的支出，忽略了社企所產生的社會和經濟價值 (紀治興與趙立基，2013)。特別是對非盈利機構經營的社會企業，往往認為其太單一或缺乏創意和創新。政府和商界的投資更多資源，發展工作混合模式的社會企業，例如英國擁有十萬家社會企業，可以增加就業和減少貧困，但是，如第四講討論的那樣，隨著社會企業生態系統的發展，工作混合模式的社會企業已大量減少，使得扶貧和幫助殘疾人士就業的效果成疑。

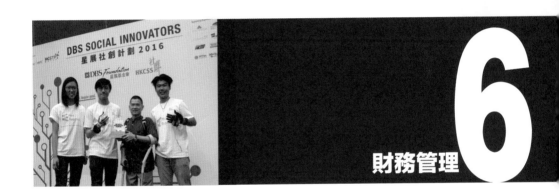

財務管理 **6**

第六講　財務管理

　　筆者是一名社會工作者，曾有機會經營不同類型的社會企業，希望在透過多元的方法解決社會上的各種問題。不過，這過程中筆者確實付出了許多學習和經驗成本，才逐漸掌握經營的方式。筆者發現，以社工主導的社企與有商界背景的人士在經營思維、管理以及財務方面存在相當大的差異，值得互相借鑑。

　　一、從工作計劃、組織領導和控制的角度來看，社工專業注重於支援和協助，而非如何控制。相比之下，商界人士則會著重於控制成本，以達到盈利的最終目標。因此，由社工主導的社企偏重於評估服務效能，而商界人士則注重監控每一個營商步驟及盈利狀況。以經營汽車清潔和美容為例，當初並未重視財務預測，只認為有生意及為我們的對象提供工作機會即可，但卻發現整個業務一直虧損。後來，經商務顧問公司的建議，我們開始進行每月檢討，檢視業務狀況和擬定指標，包括上個月和本月的財務狀況以及盈虧情況，從而改善下個月的業務預測。如果預測錯誤，就要找出實際的差距原因。透過每月的財務監控，我們逐漸建立了營運規律。

　　二、社工的價值觀注重人的尊嚴和價值，因此以人為本的服務提供是其優點，但有時也可能忽略成本控制。例如，經營有機食品時，為滿足顧客的需求而從新界區的沙田運送貨物至香港島南區，忽略了成本控制和現金流的影響。

　　三、社工主導的社企注重實踐社會目標，並被視為倡導社會議題的一項重要策略。除了為精神病康復者提供工作機會的社企外，營運有機食品種植和銷售，以倡導「愛地球、愛環境」的宏觀概念，但往往忽略了自身市場推廣能力、經營效率及銷售成本等因素。

從經營社會企業中得到的寶貴經驗；使筆者，一名社會工作者深刻認識到經營社會企業需要的不僅要有熱情和使命感，還需要瞭解和掌握財務管理，就像瞭解自己的身體狀況一樣，才能發揮社會企業家的熱情和改變現狀的能力。

財務管理和身體健康管理有相似之處，也有不同之處。健康管理可以讓人身體健康，更好地與他人和諧相處，發揮自己的長處，達成夢想。同樣，良好的財務管理可以讓公司從創業開始持續發展和擴大業務，實現創業者的夢想。但是，健康管理需要注意均衡飲食、正常血壓和維生素指數等方面，需要定期檢查身體狀況，及早發現和治療潛在問題，以保持身體健康。同樣地，良好的財務管理需要定期檢查公司的財務狀況、預測未來並進行適當的調整，特別是財務預測，以了解公司現在和未來的財務狀況是否有資金缺口、現金流是否能夠支持未來發展和產品服務定價是否達到收支平衡等。

在實際操作上，社會企業與商業創業並沒有太大的區別。首先，必須選擇公司模式，了解財務七大原則，建立良好的內部監管制度，熟悉財務報表和財務比率等。通過財務預測，規劃未來幾年的發展計劃，並注意維持現金流，使企業能持續營運和發展。

財務管理概念

俗語有云：「觀其行，知其人」，套用在商業世界即首先要知道一間公司的性質：

1) 有限公司
"股份有限公司" 或 "擔保有限公司"
2) 無限公司
"社團" 或 "合作社"

　　有限公司有法人地位跟股東獨立存在，因此有限公司的債務跟股東無關。相反，無限公司的債務就是股東的責任。所以有限公司需要每年找獨立會計師核數，確保其帳目正確，保障第三方債務人利益。防止有限公司關門大吉後，債務人根據公司法的法人原則不能從股東身上取回欠債。

概括每類公司的特質：

	股份有限公司 **	擔保有限公司 **	社團	合作社
性質	法人	性質	自然人	自然人
股東負債程度	有限	有限	無限	無限
成員數目	1-50 人	無限制	無限制	至少 10 人
管理層	至少 1 名董事	至少 2 名董事	至少 3 名成員	至少 5 名成員
投票權	基於股數	基於人數	基於人數	基於人數
開立需時	1 個工作日	8 星期	等警察部批准	等完成培訓時間
年度審計	需要	需要	不需要	不需要
籌集資金能力	強	弱	弱	弱
申請免稅	不能申請	可申請	可申請	可申請
分店	可以	可以	不能	不能
可否圖利	可以	不能	不能	不能
** 社企常見的性質				

財務管理要靠三大報表

1) 利潤表
2) 資產負債表
3) 現金流表

　　而財務就是除了為核數及交稅用途之外，亦是好像人體裏面的血管，貫穿各個器官。財務就是貫穿公司裏的各個部門，必須使血管保持暢通，否則人會病或死，公司會虧本甚至倒閉。

「利潤表」拜年時你會被人問去年收入多少，同樣投資者也要看該年度公司的利潤或虧損：

```
     收入
-)  直接成本
     毛利
+)  其他收入
-)  營運支出
   利潤或虧損
```

1) 收入 vs. 其他收入

如果公司是開餐廳的，"收入"就是日常的餐飲所得，而"其他收入" 如銀行利息收入，或因變賣餐廳的用具而獲得的額外收入，即不是因公司的正常業務取得的收入便是歸類為"其他收入"。

2) 直接成本 vs. 營運支出

如用餐廳例子，"直接成本"便是因日常餐飲業務所產生的費用，例如食物材料。而"營運支出"即使沒有生意，也要付出的費用，如租金和人工。

所以公式裏的"毛利"便是反映你公司的直接營運收益，"毛利"必須是賺，否則材料錢還比收入多的話，那麼關門好了。而公式最後的"利潤或虧損"即反映你該年度的業績。

3)「利潤表」的管理

如你公司有不同業務，你可把不同業務的利潤表作比較。即使單一業務的中小企，亦可把每個部門的利潤表作為分析，看那個業務或部門需要增加或減少人手甚至除掉，從而知道那個業務或部門的業績或需改善之處。

4) 利潤表樣辦

社企有限公司
2021 年度利潤表

	港幣
收入	1,310,000
直接成本	(786,000)
毛利	524,000
營運支出	(377,000)
稅前利潤	147,000
利得稅	(22,000)
稅後利潤	125,000

　　「資產負債表」結婚時會被問有多少身家，同樣投資一間公司也要查家底。即是看公司有多少資產和負債：

固定資產
+) 流動資產
-) 流動負債
-) 長期負債
淨資產 / 淨負債 (A)

股本
+) 累計收益或虧損
+) 該年度的利潤或虧損 (C)
淨資產 / 淨負債 (B)

* A 必須等於 B，否則代表帳目有錯處

**C 是「利潤表」中的稅後利潤 / 虧損

1) 固定資產 vs. 流動資產

　　"固定資產"即是可用期超過一年的資產，常見有物業、廠房和辦公室設備。每年把其價值分攤可用年期作為折舊放入利潤表。但也要看價值大少，如計算機雖則一般可用年期超過一年，但價值只是數百元而已，那麼就不需作當固定資產。相反，"流動資產" 是可用期不超過一年的資產，如存貨和應收賬款，公司希望「貨如輪轉」，所以存貨及應收帳款正常來說也會在一年內清貨和收回。

2) 長期負債 vs. 流動負債

　　若還款期超過一年便是長期負債，否則就是流動負債。例如信用卡欠款或戶口透支便是流動負債，因為該類欠款應該會在一年內清還。但是如果是按揭這類長還款期的，便屬於長期負債了。

3) 「資產負債表」的管理

　　對組織內的資金需要及資金籌措提供分析，例如資產主要來自存貨或應收帳，那麼便要看看積存是否過多，適量地調節倉存。如應收帳結餘頗大，要分析是否客人找數太慢，甚至會變成壞帳的風險。相反，如果是負債太多，要預算資金流是否足夠準時還債。又或者，有新發展計劃需要籌集資金，資產負債表可給與債務人需要的資料作為分析。

4) 資產負債表樣辦

社企有限公司
資產負債表
截至 2021 年 12 月 31 日

	HK$
固定資產	
無形資產	100,000
物業、廠房和設備	350,000
	450,000
流動資產	
存款	50,000
應收賬款	120,000
其他應收賬款、定金和預付款	31,000
現金和銀行結餘	135,000
	336,000
流動負債	
應付賬款	(40,000)
預提	(45,000)
銀行短期貨款	(65,000)
應納稅款	(75,000)
	(225,000)
淨流動資產	**111,000**
長期負債	
銀行長期貸款	(300,000)
遞延稅	(8,000)
	(308,000)
淨資產	**253,000** 此兩個結餘必須相同
資本和儲備	
股本	1,000
累計收益	127,000
該年度的利潤	125,000 即利潤表的稅後盈利金額
淨資產	**253,000** 此兩個結餘必須相同

「現金流表」所謂"現金為王"便是要看公司的現金狀況，包括公司現金從哪裏來和用在哪裏：

日常營運產生的淨現金流
+）投資產生的淨現金流
+）融資淨現金流
現金和銀行結餘

1) 日常營運產生的淨現金流

是經營現金流量扣除營運資本增加後，企業可提供的現金流量。
即：經營稅後淨收益＋折舊與攤銷。

2) 投資產生的淨現金流

反映公司對固定資產或金融工具等的投資活動所產生的現金流。

投資活動產生的現金流出主要包括構建固定資產、無形資產和其他長期投資所支出的資金。相反，投資活動產生的現金流入主要包括出售以上資產，以及金融投資收回的本金和收益。

3) 融資淨現金流

反映公司融資活動產生的現金流狀況，包括企業發行股票和債券等渠道的資金籌集。

公司融資活動產生的現金流入主要包括發行股票、債券募集的資金和銀行貸款得到的資金等。融資活動產生的現金流出主要來自發放現金股息、償還債券、歸還貸款，以及股票回購等支出。

4) 現金和銀行結餘

以上三項組成後的結餘應該跟「資產負債表」裏面“流動資產”的現金和銀行結餘數額一致。

5)「現金流表」的管理

現金流量結構十分重要，總量相同的現金流量在“經營活動”、“投資活動”、“融資活動”之間分佈不同，則意味著不同的財務狀況：

1、當“日常營運產生的現金淨流量”為負數，“投資產生的現金淨流量”為負數，“融資現金淨流量”為正數時，表明該企業處於產品初創期。在這個階段企業需要投入大量資金，形成生產能力，開拓市場，其資金來源只有舉債、融資等籌資活動。

2、當“日常營運產生的現金淨流量”為正數，“投資產生的現金淨流量”為負數，“融資現金淨流量”為正數時，可以判斷企業處於高速發展期。這時產品迅速佔領市場，銷售呈現快速上升趨勢，表現為經營活動中大量貨幣資金回籠，同時為了擴大市場持份額，企業仍需要大量追加投資，而僅靠“日常營運產生的現金流量淨額”可能無法滿足所需投資，必須籌集必要的外部資金作為補充。

3、當“日常營運產生的現金淨流量”為正數，“投資產生的現金淨流量”為正數，“融資現金淨流量”為負數時，表明企業進入產品成熟期。在這個階段產品銷售市場穩定，已進入投資回收期，但很多外部資金需要償還，以保持企業良好的債務評級。

4、當“日常營運產生的現金淨流量”為負數，“投資產生的現金淨流量”為正數，“融資現金淨流量”為負數時，可以認為企業處於衰退期。這個時期的特徵是：市場萎縮，產品銷售的市場佔有率下降，經營活動現金流入少於流出，同時企業為了應付債務不得不大規模收回投資，以彌補現金的不足。

6) 現金流表樣辦

社企有限公司
2021 年度現金流表

	HK$	
日常營運產生的現金流		
稅前利潤	147,000	
加：折舊	4,000	
增加應收帳	(6,000)	
減少存貨	9,000	
減少應付帳	(5,000)	
從日常營運產生的現金流增多	149,000	a
投資產生的淨現金流		
建設費用	(28,000)	
出告物業所得款項	7,000	
從投資產生的現金流失	(21,000)	b
融資淨現金流		
長期借貸	10,000	
現金股息	(5,000)	
購買債券	(8,000)	
從融資產生的現金流失	(3,000)	c
剩現金流增多	**125,000**	a+b+c
年初時的現金結餘	10,000	
	135,000	（必須跟資產負債表內的現金和銀行餘額一樣）

七大會計手則

做人要奉公守法，公司也要守規矩，製作以上三大財務報表要依從七法：

1) 應計制

屬於一個會計年度內的收入或支出，無論是否已經收取或支付都應納入該年度內。

例如：於二一年十二月三十一日送貨到買家處，買家於二二年一月十日才找數。此銷售收入應納入二一年收入內，因為貨物的擁有權已於十二月三十一日當天轉讓給買方了。

2) 業務獨立性

一間公司本身是獨立個體，公司的東主及關聯公司亦分別屬於各自的獨立個體，不可混為一體入帳。

例如：老闆拿用公司錢支付私人費用，跟公司業務無關，此支出不可當作公司費用，應記帳為老闆向公司借款。

3) 一致性

處理會計賬目時，當決定採取某一方式入帳，往後便該繼續沿用該方式，以便作出比較。

例如：公司買計數機當作費用，那麼再買同類計數機也應記帳為費用，不是固定資產。

4) 業務持續性

經營業務時，要假設業務會持續經營，業務會有盈利並作長線發展。

5) 審慎

當業務遇到虧損風險，公司便當預先作虧損撥備入帳。

例如：應收帳未能在一年內收回，應作壞帳撥備。

6) 重要性

審視賬目時，須衡量個別賬戶的銀碼本身對整體賬目有多大影響，從而決定是否需要作出調整。

例如：雖然電腦可用年期超過一年，但其價值不高。所以也會作為該年的費用支出。因為即使把電腦當作固定資產，每年計算折舊入帳，其折舊銀碼對整體帳目影響不大。

7) 實現

處理賬目時，遇見可預期的盈利便應記錄入賬。

例如：公司的物業價格因樓市暢旺而每年升值，雖然該物業未被出售，但升值的差價已被視為可預期的盈餘，便應於"利潤表"內反映出來。

內部監控制度

所謂「預防勝於治療」，公司也要做好監控工作，同時也要定期作身體檢查，慎防舞弊。

1) 職責分工 (預防性)

分配不同的人做不同的工作，以減少錯誤或不適當行為的風險。

例如：負責收錢的員工不能是結帳同一人，否則不確定收了的錢有否入帳。

2) 做好防盜 (預防性)

現金和貨品除了要放在安全的地方及鎖好外，還要僅限於有權處理的人接觸。

3) 信息處理控制 (預防性)

在處理數據時，檢查交易的準確性，完整性和授權性。輸入的數據需要經過輸入者以外人士檢查、批准和核對。每單交易應分配編號，輸入者以外人士應確保編號是順序的排列。若有重複號或跳號，應調查及找出原因，確保所有交易的完整性。

4) 制定政策和程序 (預防性)

對已經建立的政策和程序，提供指導和培訓給各個級別的員工，以確保各員工能落實地執行政策。對未有政策的事項應儘早制定程序，確保每次執行的程序一致。

5) 定期盤點和核對（檢查性）

進行定期盤點確定是否跟帳目一致。而且盤點人不應是負責入帳或看管的人士，否則犯了第一點，職責不分。

例如親身盤點存貨數量是否與帳目上的貨存數量一致，若有差異應盡早找出原因，防止被偷或資料錯誤。放在辦公室裏的零用金也應如此核對。

銀行戶口裏的銀碼也要每月對帳，確保銀行月結單顯示的支出跟帳目一致，防止有人模仿簽名盜用沒有入帳的交易金額。

6) 反饋審查（檢查性）

審查財務報告有助根據預算來監控績效、發現問題和預測趨勢等。具體示例包括：對報表的實際支出進行每月審查，例如查看長途電話單據是否被濫用於個人或非業務的活動上。又例如審查非固定月薪員工的考勤卡和加班時間，來監控成本效益。

財務比率

　　身體檢查完會有一系列數據令你悉知自己是否健康和需注意什麼。公司利用財務報表分析後，也有財務比率給你知道公司的健康狀況和有那方面要特別管理。最基本的財務比率可以分為三類：「變現能力比率」、「盈利能力比率」和「管理資產效率」。

1) 變現能力比率

　　是指把資產轉換為現金或負債償還所需之時間。市場以此評估企業償還到期債務之能力。投資者則利用變現力來判斷企業未來支付現金股利之能力，及未來擴大營業之可能性。變現力越低 (如少於 1)，企業倒閉或不能償還到期債務之風險越高。

$$流動比率 = \frac{流動資產}{流動負債}$$

** 健康指標：2 或以上

$$速動比率 = \frac{速動資產}{流動負債} = \frac{流動資產 - 存貨}{流動負債}$$

** 健康指標：1 或以上

2) 盈利能力比率

　　是指企業正常經營賺取利潤的能力，是企業生存發展的基礎，是各方面都非常關注的指標。不論是投資人、債權人還是企業經理人員，都有日益重視和關心企業的盈利能力。

$$淨利潤收益率 = \frac{淨利潤}{股數}$$

** 健康指標：和同類公司比較，也可跟自己去年指數比較

$$銷售毛利率 = \frac{銷售收入 - 銷售成本}{銷售收入}$$

** 健康指標：和同類公司比較，也可跟自己去年指數比較

$$銷售淨利率 = \frac{淨利潤}{銷售收入}$$

* 健康指標：和同類公司比較，也可跟自己去年指數比較

3) 管理資產效率

是用來衡量公司在資產管理方面的效率。包括營業周期、存貨周轉率、應收賬款周轉率、流動資產周轉率和總資產周轉率。

$$存貨周天數 = \frac{存貨}{(直接成本 / 365)}$$

* 健康指標：所謂"貨如輪轉"，當然日數越少越好

$$應收帳款天數 = \frac{應收賬款的}{(銷售收入 / 365)}$$

** 健康指標：日數越少代表越快收到客錢

$$應付帳款天數 = \frac{應付賬款}{(直接成本 / 365)}$$

** 健康指標：日數越長代表越慢找數給供應商，藉此保留現金應急

個案分析

　　把前面的社企有限公司及以下的潮流企業作比較，表面上社企有限公司的利潤有 $125,000，潮流企業只有 $8,247。社企有限公司淨資產有 $253,000，潮流企業只有 $48,729。表面看來社企有限公司經營比較好，但事實是否如此？要經過財務比率分析才知鹿死誰手。

潮流企業 2021 年度利潤表	$	$
收入		105,375
直接成本		(68,802)
毛利		36,573
其他收入		1,270
營運支出		
人工及福利	17,440	
保險	1,772	
廣告費用	500	
廣告費用	2,210	
廣告費用	650	
壞帳	860	
利得稅	6,164	
		29,596
稅後利潤		
		8,247

潮流企業 資產負債表 截至 2021 年 12 月 31 日	$	$
固定資產		
傢俬裝修	6,656	
車輛	10,500	17,156
流動資產		
應收賬款	8,900	
現金和銀行結餘	11,755	
其他應收賬款、定金和預付款	2,088	
存貨	3,970	
董事提取	9,900	36,613
流動負債		
應付賬款	4,310	
預提	730	
		5,040
淨資產		48,729
股本		40,482
該年度的利潤		8,247
		48,729

財務比率分析結果

財務比率分析結果	社企有限公司	潮流企業	註
變現能力比率			
流動比率	1.5	★ 7.3	
速動比率	1.3	★ 6.5	
盈利能力比率			
淨利潤收益率	★ $125	★ $204	假設社會有限公司資本有1000股，潮流企業資本有40股。
銷售毛利率	★ 40%	35%	
銷售淨利率	10%	8%	
管理資產效率			
存貨周天數	23	★ 21	日
應收賬款天數	33	★ 31	日
應付賬款天數	19	★ 23	日

分析結果是潮流企業在各方面的能力也比社企有限公司強。

資金來源　（詳情可參閱各有關基金的網頁）

　　做生意需要資金來推動和拓展業務，社會企業也是一樣。資金來源通常包括自有資金、集資、向銀行借貸以及吸引投資者等方式。除此之外，社會企業還可以從政府、基金會和社會投資者獲得支持，主要是因為社會企業具有為社會帶來正面影響的神聖使命，因此能獲得更多和更廣泛的支持。以下是一些較為人熟悉的基金例子，在申請時必須了解其要求及主要的目標。

a. 政府支持的基金

· 伙伴倡自強社區協作計劃 (Enhancing Self-Reliance Through District Partnership Programme)
· 創業展才能」計劃 ("Enhancing Employment of People with Disabilities through Small Enterprise" Project)
· 社會創新及創業發展基金 (社創基金) (The Social Innovation and Entrepreneurship Development Fund (SIE Fund))
· 社區投資共享基金 (Community Investment and Inclusion Fund (CIIF)) ；

b. 非政府基金

· 阿里巴巴創業者基金
· 香港交易所社區項目資助計劃 (HKEX Impact Funding Scheme (Applicable to Social Enterprises))
· 香港社會創投基金有限公司 (Social Ventures Hong Kong)
· 香港賽馬會慈善信託基金 (The Hong Kong Jockey Club Charities Trust)
· 擇善基金會 (ZeShan Foundation)
· 利希慎基金 (Lee Hysan Foundation)
· 香港公益金 (The Community Chest)
· 陳廷驊基金會 (The D. H. Chen Foundation)
· 星展基金會 (DBS Foundation)

c. 社會企業比賽 (Competitions)

· 香港社會企業挑戰賽 (Hong Kong Social Enterprise Challenge (HKSEC))
· 亞洲社企創新獎 (Asia Social Innovation Award)
· 香港共享價值 (Hong Kong Shared Good Values)

小結及討論

　　營運社會企業在商業部份和做生意上並沒有太大的區別，除了前述的社企三部曲，對財務管理也必須把握，遵守會計和公司法的要求。通過財務比較等不同財務數字，可以了解營運社企的健康狀況，從而制定下一步策略。有些社企過於注重意識形態和個人宣傳，而在實際操作和實施計劃上缺乏認真的態度，尤其是在財務管理方面。這些社企可能浪費了所獲得的基金或投資者對他們的信任和支持，從而導致項目不能持續發展，非常可惜。因此，在開創社企時，選擇一個好的團隊非常重要，團隊成員應涵蓋各個領域，例如財務管理等方面的專業人士。我們鼓勵年輕人擁有夢想，但實現夢想必須擁有魄力、情感、執行力和優秀的團隊。

總結及反思

7

第七講　總結及反思

　　工業革命後，新的經濟模式即資本主義社會，確實帶給人類社會經濟繁榮及大進步，然而這枚硬幣也有另一面。就像狄更斯筆下所描繪的種種社會問題：貧富懸殊及童工艱苦的圖象。 第二次世界大戰後，各國政府不得不投入極大的資源去重建社會，因為百廢待興。歐洲大陸等國家產生了所謂福利國家的共識 (Welfare State Consensus) ，即由政府提供全面的服務，人民從出生至進入墳墓都可享用不同的服務。但是，政府介入帶來福利服務的同時也引發了不少問題，人們需要反思如何以公民自身的參與及力量解決社會問題。

　　社會企業運動因此產生，並逐漸萌芽發展。公民自行組成互助社和社會組織，試圖解決自身的問題。在歐洲大陸，這些由公民組成的社會組織包括互助社和基金會，也涉及生產活動，逐漸被稱為社會經濟 (Social Economy) 。 隨著這些社會組織在不同的國家萌芽發展，社會企業的概念因此產生，越來越被歐美國家的法律、政府和人民所確認。由於英美國家尤其重視商業模式，以商業模式解決社會問題成為現今泛稱為「社企」的重要元素。當然不同國家或地區對「社企」一詞有不同的稱呼，但大體而言，社會企業或社會經濟組織是指民間團體，從事生產活動並可獲利，其經濟活動的目標是為貢獻社會、為社會創造價值和解決社會問題，而不像一般企業以追求獲利為終極目標。

　　社企的出現及在歐美等國家的成功，並不意味着社企可以代替或推翻資本主義模式。許多推動社企的偉大人物，例如哈佛大學商學院教授米高波特和諾貝爾和平獎得主尤努斯教授等主張，社企不是要代替現有的資本市場；他們的主張是針對資本主義體制進行改革，例如米高波特提出的共享價值觀念和尤努斯教授的微型貸款等，社企是補充和改善現行資本主義體制不完美的方法。

　　社企的發展歷史始於歐洲、英國和美國，並逐漸擴展到亞洲，例如南韓、日本、泰國、越南、孟加拉和印度等國家。這些國家都認識到社企對於該國的社會價值，例如增加就業機會，而且會根據不同的政策來支持社企，例如政府在何種層級推廣社企，以何種財政和教育方案來支持社企的發展，以及是否已制定相關法律規範等。這些措施旨在促進社企的發展。

　　綜觀而言，歐美國家在政策上有一定的模範作用，他們的社企多放在經濟的作用上，政策目標清晰，是將社企發展與國家經濟雙接軌。這些國家的政府架構中，勞工就業及經濟部門多推動和執行社企相關的政策。英國的社會企業發展和模式較前衛，已成為不少國家的模範。其成功之處在於政府以高規格架構來推動社企，法律上有明確定位，財務支持多元化，對社企的支持不僅限於基金或貸款，還引動社會投資和社會債券等等。值得學習的是，英國的社企不僅在福利或扶貧領域參與，而且在整體國家經濟發展層面佔有一席位。

　　亞洲等國在社企發展方面雖然歷史不是很長，但泰國、南韓、新加坡和越南等政府漸漸以不同的政策、法律框架和財務支援來推動社企的發展，以解決各國不同的社會挑戰。南韓和泰國已經制定了有關社企的法律，新加坡則更重視商界投資社企資本市場。孟加拉共和國是一個極度貧窮和未發展的國家，2006 年諾貝爾和平獎得主尤努斯教授創立的微型貸款和社會商業，被用於處理鄉村地區貧窮、營養不良和缺水缺糧等社會問題。尤努斯教授的成功之處在於使社企產生區域系統性的改變和改革，包括創立新的金融借貸模式，善用資本市場的規則，以低成本的控制，並利用跨國集團的注資來解決產生社會價值的問題。這些做法值得我們借鏡。

　　香港社企發展始於 2008 年由時任特首曾蔭權先生大力推動。然而，從分析上來看，香港的社企似乎是從上而下式的推動，且政策執行分散，缺乏統籌。社企政策初衷是處理香港貧窮及協助弱勢人士就業，但在執行上，似乎有先天不足的境況。現今的社企主要是微型企業，缺乏企業

投資，不能提供大量工作機會。此外，香港社企生態環境也面對很大的變化，混合模式的社企已被多元種類的社企所替代。政策目標本是無可厚非，但現時的政福利模式思想所限制，加上社企生態的轉變，期望以社企處理香港極度貧窮問題，及提供就業的成效並不顯著，也沒有實質經濟數據可展示。處理這些問題需要更全面的政策思考和執行，並且將社企放入經濟的領域，例如以投資角度去培養勞動人口。現時的社企以微型企業為主，缺乏企業投資，因此提供大量工作機會實在成疑。

以上論述歸納了本書各章節，對社企的發展、政策及功能進行了分析。然而，尚未慎思明辨社企的限制，或深入探討政治經濟學或公共政策的層面。在香港，這一方面缺乏以較深刻或批判性的角度 (Critical Approach) 的討論。可能原因是社企的特質，總帶著那種羅賓俠客及衛道之士的豪氣，批評壞人乃理所當然；批評好人做好事絕非易事。筆者認為，慎思明辨社企不同的介面，才能引領我們更明白社企的真諦，而不是自我滿足地認為社企能解決眾生的所有問題。需要更深入地探討社企的限制，以及政治經濟學或公共政策的層面，才能有更遠的視野。

為了推動社企界的不斷進步，香港社會企業總會曾於 2018 年舉辦一次研討會。參與者大多是營運社企的領袖，當時他們研讀的書名為《社企是門好生意？社會企業的批判與反思》，作者為徐沛然先生 (以下稱徐先生)，全書共有十五章節，是一本少有批判與反思社企的著作。徐先生認為社企和一般企業在本質上並無不同，因此極力反對透過市場經濟尋求有效解決社會問題。以下選出書中幾個問題及讀書會的討論作為藍本進行討論。

對社企批判的慎思

徐先生所著提出三個議題：

第一，徐先生認為社企只是迎合資本主義新自由主義 (neoliberalism) 的產物，並不是能夠改變社會的救世主。

社企的價值和實踐是資本主義的延伸，在自由市場至上的指導下，相信市場力量足以解決社會問題，進而主張公共服務應趨向私有化，盡量減少政府在市場的角色。事實上，社企只是包裝良善外衣的營利企業，其實無法為世界帶來變革，更不能打破資本主義的桎梏 (徐沛然，2018)。

不過根據筆者所知，許多推動社會企業的倡議者，著眼於如何透過社企去改革現有的制度。例如哈佛大學商學院的米高波特教授以及諾貝爾和平獎得主尤努斯教授，都積極倡導改革資本主義制度，使其良性的一面得以發揮。顯而易見，社會企業只是另一種強調社會使命的企業形式，仍然遵循市場的買賣原則，並沒有推翻整個制度的企圖。

筆者曾於 2014 年訪問孟加拉國的鄉村銀行 (Grameen Bank) 並與尤努斯教授會面。尤努斯教授對現有的資本主義制度進行了深刻的反思和批評，但並未表示要推翻現有制度，也沒有提倡建立另一個伊甸園式的主義。相反，他指出現有的資本主義制度還不成熟，存在基本的錯誤，過分強調個人的利益，這種單向性的分析人性是有問題的。實際上，人性是多元且複雜的，許多人都從利他主義出發，將幫助他人視為自己的使命，並通過這種方式去改變社會。因此，社會企業的挑戰不是資本主義，而是人道主義，提出了一種不同於自由市場的價值觀，即企業的獲利也可以符合大眾的利益 (紀志興，2013)。

第二，社會企業只是包着「良善」外衣的營利企業，只是戴著光環的帽子去賺錢。

　　徐先生引用兩個案例，分別是台灣《大誌》雜誌及孟加拉微型貸款。其中，徐先生質疑孟加拉微型貸款是否真的有效，是否真的能幫助窮人擺脫貧困。微型貸款的概念是向原本無法向傳統銀行借貸的窮人提供貸款，以便他們創業和脫貧。但是，徐先生認為，這種貸款實際上並沒有打破傳統銀行的枷鎖，反而把這些缺乏技能和創業經驗的窮人困在了債務陷阱中。他質問這些窮人是否有能力和技能創建自己的事業，以及他們的產品是否有市場。當這些窮人因為貸款開展維生事業時最終破產，他們是否會再次落入另一個深淵呢？所以，微型貸款到底是「幫助」還是一種「掠奪」呢？(徐沛然，2018)

　　需要注意的是，尤努斯教授所建立的鄉村銀行和微型貸款不僅是為鄉村貧困人口提供貸款。在 2014 年，筆者曾到訪孟加拉鄉村銀行 (Grameen Bank)，觀察到鄉村銀行除了貸款外，還提供嚴格的技術培訓和指導，例如舉辦指導性的創業會議，將部分借貸者的業務與鄉村集團的社會商業聯繫起來。例如，鄉村銀行會貸款給村民飼養牛隻，並提供牛奶給酸奶廠 (Grameen Danone)，以解決兒童營養不良問題，從而為借貸者提供穩定的收入。微型貸款之所以獲得諾貝爾和平獎，而不是經濟獎，是因為尤努斯教授啟發了一種非傳統銀行的概念，這種概念不僅僅是消費和賺到盡的模式，而是涉及到幫助人們創業、生產和解決貧困問題。這是尤努斯教授贏得 2006 年諾貝爾和平獎的主要原因。因此，徐先生對微型貸款案例的批評並不完全正確。徐生所描述的情況可能是由於不同地方在微型貸款的操作的不同所引致，未必與尤教授所思所想盡相同。

　　就台灣版《大誌》的另一個例子，它仿效英國知名的社會企業大誌 (Big Issue)，向街上的流浪漢批發雜誌，使他們可以賣雜誌謀生並獲得穩定收入，從而有機會擺脫貧困。大誌招募了一群街友，規定參與者穿著背心，在指定時間和地點銷售雜誌。然而，這些參與者實際上沒有基本工資，也沒有勞工保險和福利。如果因非法販售而被罰款，罰款責任歸他們承擔。這樣的做法實際上剝削了他們的合法權益，徐先生質疑是

大誌需要他們作廉價工人，還是這些街友需要這個社會企業呢？然而，徐先生只引用了台灣的一個例子，事實上，世界各地仍然有許多社會企業遵守當地的勞工法例，甚至讓員工以持股人的身份參與營運。因此，我們不應該以偏蓋全，將劣質情況無限放大，同時也不應忽略那些具有良好效果的社會企業的例子。

第三，社會企業將抽象和複雜的社會問題，商品化及簡單化，並沒有解決核心結構性問題。

徐先生認為，社會企業往往以一買一賣的商業行為掩蓋了社會問題的核心，將解決問題說成以商品去滿足客人需求。然而，滿足需求絕不等同於解決社會問題。例如，一種社會創新的科技成果是一個能發電的足球，小朋友在踢足球比賽時同時也可以發電，並被說成有助解決非洲國家缺電的問題。這種新產品獲得了柯林頓全球倡議基金會的資金支持，並被大量購買捐贈到發展中國家。然而，非洲國家缺乏電力的原因是基建落後及戰爭頻繁，加上政治不穩定和貪污腐敗。這種「發電足球」充其量只是個有趣的玩具，根本無法實際解決非洲缺電危機的核心問題 (徐沛然，2018) 。

儘管不是完全贊同書中的論點，但讀書會的許多參與者都欣賞徐先生對社會企業進行深入分析，從經濟、政治和社會學的角度做出批評。目前一些論壇或文章著重於社會企業的實務和成功案例，卻缺乏批判性的作品，更不用說從公共政策的角度來看待香港社會企業的發展，缺乏針對社會企業問題的深入評論。在一些研討會中，也只是反覆地推介他們所經營的項目，這種做法被俗稱為「吹水」，討論內容仍然虛而不實，缺乏實質的進展 (趙立基與羅金義，2019a) 。

與會者認同，社會企業未必有足夠的能力解決社會問題。例如，在精神病復康者和殘疾人士的就業問題上，雖然有些社會企業提供一些就業機會，但離真正解決問題仍然很遠。然而，社會企業具有示範作用，可以利用民間力量和商業方法來回應工作不平等的議題。它也是慈善事業和營利企業之間的一個中介機構，可以提升傳統慈善事業體制和官僚

的惰性，同時也可以警醒私人企業注意社會責任。一位前線營運者表示，他們也希望社會企業有一天能夠完成任務，這樣就可以達到一些解決問題的小目標，但現實上，社會企業面臨的社會難題越來越複雜，似乎永遠無法完全解決。

如何明辯下去？

徐先生的論點深刻地指出了社會企業的限制和過於理想主義的一部分，並再引動我們對社會企業的再思，使我們更清晰地認識社會企業，讓我們走出常見的爭論，例如何謂社會企業。對於參與社會企業實踐的人來說，這無疑會帶來不少思想衝擊，有助於從多角度反思。然而，我們也必須明白，所有系統性的改變都必須從小部分開始轉變，而不是等到完美的方案出現才開始行動。

當然，作為社會企業的推手，我們也應該為自己的工作辯護和合理化，不能完全否定自己的工作和推動社會改革的作用，也不應該認為自己沒有發揮應有的作用，應該從不卑不亢的態度出發。Graham (2019) 曾在回應有關社會改革和社會企業爭議的討論中提出了一些自省的建議，對我們推動社會企業運動有很大的啟發。

社企視野須採取系統觀點

在設計社會企業模式時，我們需要深入思考自己是否希望看到系統性的改變。我們應該確保和相信社會企業解決方案始終是能夠改善系統的一部分，並在此時此地處理問題，朝向改革方向前進。香港有很多社會企業的例子，都是從系統視野的角度出發，例如「光房」帶動整體香港處理「劏房問題」，「鑽石的士」推動「無障礙的士」的發展，這些都是能夠開創至系統性的變革。

承認社會問題的複雜性

我們應該承認社會所面臨的問題非常複雜，單靠一方或者某一界別是無法處理的。因此，我們應該採用集體影響戰略，避免對個別社會企業項目的成功過於樂觀及自大。我們應該將注意力集中在最有影響力的問題驅動因素上，並致力解決社會問題及可能產生的影響。

少說多做

我們必須承認，社會企業只是解決社會問題方案的一部分，它是必要的，但仍然不足以達到全面性的改變。我們應該抵制一些社會創新者的狂妄自大，認為社會企業是萬能，可以單獨改變世界。現今世界所面臨的問題非常複雜，需要跨界別及集體的行動才能成功。政府、企業、傳統慈善機構、社區團體和群眾運動等各方必須攜手合作，才能共同編織更美好的世界。

後記

後記

本書完結時正值人工智能聊天機器人 ChatGPT 風靡全球，ChatGPT 具備多種功能及用途，用於編寫程式、無限資料收集、創作及翻譯等，這種人工智能機器出現對人類社會產生一定的震撼及引來廣泛的討論。因 ChatGPT 的便利及兼備無盡的數據，會否在不久的將來可替代人腦，更加可淘汰不同的行業，甚至寫作出版呢？有朋友以講笑的口吻，提醒我盡快完成及出版這書。否則，只要用 ChatGPT 技術便可以寫完這本社企七講了，內容及資料將更精彩和豐富，但作者名稱卻是 ChatGPT，不是我。

筆者並不太擔心，雖然絕對明白及認同人工智能的威力及深遠影響。然而人類本質實難以被人工智能完全取替，例如擇善固執、同理心及道德判斷。在寫作上也一樣，我們有自由的意志及權利去選擇那些資料，以那種價值觀去立論，以那種寫作風格去表達，相信這是人類勝過人工智能的地方。

必須承認本書有不少的錯漏、分析不足及淺薄的論點等。希望各位讀者多多包涵。對於本人而言，本書是達成我在大學時的夢想。記得大學時，很欣賞幾位教授，大半生都為一些議題作研究及著作，例如研究社會政策的 Professor Smith 及感化服務的 Professor Harris。又如哈維爾 (Vaclav Havel) 在「政治，再見」(A Farewell to Politics) 一書中名為"知識分子的終極關懷篇"所提及：「知識份子是將生命投放於更廣泛的架構及宏遠的脈絡去思考世上事物的人，他們的主要工作是研究、教育、寫作、出版和演說」。雖然我不是知識份子，充其量是一位前線人員。但能夠有機會從事寫作，讓讀者分享我對社會企業的看法也是一種福份。

對於有朋友詢問，為何這書名為「無名氏看世界」，原因是投身於社會企業的人士，常說以營商及創新方法，去改善這世界。世界是否美好，就是需要千千萬萬位無名氏投身及貢獻社會，使我們的世界變得更和諧和美麗。

參考資料

第一講

1. Bugg-Levine, A., & Emerson, J. (2011). Impact investing: Transforming how we make money while making a difference. John Wiley & Sons.

2. Defourny, J., & Nyssens, M. (2010). Conceptions of social enterprise and social entrepreneurship in Europe and the United States: Convergences and divergences. Journal of social entrepreneurship, 1 (1) , pp32-53.

3. Dickens, C. (1868). The Adventures of Oliver Twist. Ticknor and Fields,pp20

4. Driver, M. (2012). An interview with Michael Porter: Social entrepreneurship and the transformation of capitalism. Academy of Management Learning & Education, 11 (3) , pp.421-431.

5. Kingsley M & Clarke C (2009). Creative capitalism: A conversation with Bill Gates, Warren Buffett, and other economic leaders. Simon and Schuster, pp 7-12.

6. Minford, P. (1987). The role of the social services: a view from the New Right' in Lonely, M (Eds.) . The State or the Market: Politics Welfare in Contemporary Britain, Open University 1987，pp70.

7. Mishra, R. (1984). The Welfare State in Crisis: Social Thought and Social Change. Britain, Wheatsheaf Books, pp 6.

8. Porter M. (2011, May 17). New MBAs Would Sacrifice Pay for Ethics. The Daily Star.

9. Spicker P. (2008). Social policy : themes and approaches (Rev. 2nd) . Policy Press, pp 86-90.

10. Yunus, M. (2009). Creating a world without poverty: Social business and the future of Capitalism. Public affairs.

11. Yunus, M.(2010). Building social business: The new kind of capitalism that serves humanity's most pressing needs. PublicAffairs, pp xv-xvi.

12. 索羅斯 (1998)。全球資本主義危機：岌岌可危的開放社會，聯合報編譯組，聯合出版社，台北，頁 128-130。

13. 華倫斯泰 (1992 年 4 月)。〈資本主二文明的沒落〉。《二十一世紀 雙月刊》頁 130 至 132。

14. 趙立基與紀治興 (2013)，香港社會企業政策的投資回報，見羅金義，鄭宇碩合編，留給梁振英的棋局：通析曾蔭權時代，香港城市大學出版，頁 228-229。

15. 錢為家 (2010) 全球戰略 CSR 案例報告 -- 第四代企業的價值驅動優勢。北京：中國經濟出版社，北京，頁 21-24。

16. 陶中麟 (2015 年 12 月)。〈《從貪婪到慈悲》，創新資本主義的希望與挑戰〉。社企流。https://www.seinsights.asia/article/3291/3269/3606。

第二講

1. Aiken M，Spear R，Lyon F，Teasdale S，Hazenberg R2021 in Defourny J & Nyssens M (Edited) Social Enterprise in Western Europe: Theory, Models And Practice, Routledge, pp 260–264.

2. Borzaga, C., Galera, G., & Nogales, R. (2008). Social enterprise: a new model for poverty reduction and employment generation. Bratislava: United Nations Development Programme. pp 6-7.

3. Borzaga, C., Poledrini, S., & Galera, G. (2017). Social enterprise in Italy: Typology, diffusion and characteristics, pp 5-10.

4. British Council (2020), The state of Social Enterprise in Singapore, pp18.

5. British Council (2020). Global Social Enterprise the state of Social Enterprise in Thailand. https://www.britishcouncil.org/sites/default/files/state_of_social_enterprise_in_thailand_2020_final_web.pdf.

6. British Council 2019, Social Enterprise in Vietnam, pp 22.

7. Defourny, J. (2001). Introduction: From Third Sector to Social Enterprise. In the emergence of social enterprise . Routledge, pp 13-40.

8. Defourny, J., & Nyssens, M. (2021). Social enterprise in Western Europe: Theory, Models and Practice ，Taylor & Francis, pp. 368.

9. European Research Network (2008) Social Enterprise: A new Model for poverty reduction and employment generation: An examination of the concept and practice in Europe and the Commonwealth of Independents States，Regional Centre for Europe and the CIS, pp 6-7.

10. Kee, C. H., Kwan, T.,& Kan, C. (2016) . Comparing the Key Performance Indicators of the Social Enterprise Sectors among Hong Kong, United Kingdom, and Korea. Fullness Social Enterprise Society.

11. Kee, C. H.,& Cheung, Y. K. (2018) . Managing Break Even Time : Numeric Modeling Competence that Makes or Break a Startup Business. Fullness Social Enterprise Society, pp 2-3.

12. Kim, J. G., & Cho, H. J. (2013, October) . Current Social Enterprise Issues and Policies in Korea. In 3rd National Social Enterprise Conference of Cambodia: Phnom Penh, Cambodia.

13. KONLE-SEIDL, R. A. (2022) . Social Economy in Spain. European Parliament r EMPL Committee.https://www.europarl.europa.eu/RegData/etudes/BRIE/2022/703349/IPOL_BRI (2022) 703349_EN.pdf.

14. Monzón, J. L., & Chaves, R. (2017) . Recent evolutions of the Social Economy in the European Union. Brussels: European Economic and Social Committee, CIRIEC. DOI, 10, 191345.

15. 孫智麗與周孟嫻 (2016)。〈全球社會企業之發展現況與各國相關政策分析〉。《農業生技產業季刊》，46，頁 52 至 61。

16. 易明秋 (2014)。〈美國社企法律之創建 - 制度分析與觀察〉。《非營利組織管理學刊》，16，頁 80-106。

17. 李志輝與黃少健 (2007)。英國、西班牙和香港的 社會企業政策。立法會秘書處資料研究及圖書館服務部，頁 3 至 20。

18. 紀治興、關志康、陳國芳、葉漢浩、李駿康、葉菁華……與龔立人 (2013) 《社會企業：信仰實踐與反思》。香港：基督教文藝出版社。

19. 紀治興與鄭敏華 (2008)。營商能耐可以改變社會—— 一本寫在金融海嘯當下還敢為社會更美好想像的社會企業營運手冊。香港：豐盛社企學會

20. 蔡嘉昇 (2014)。〈從國外立法看台灣社會企業之法制發展〉。《會計研究月刊》，348，頁 74 至 79。

21. 越南國會 (2014)。越南企業法 第 68/2014/QH13 號 。越南國會，頁 7 至 8。

第三講

1. Akter, S., Jamal, N., Ashraf, M. M., McCarthy, G., & Varsha, P. S. (2020). The rise of the social business in emerging economies: A new paradigm of development. Journal of Social Entrepreneurship, 11 (3), pp.282-299.

2. Bank of the poor Grameen Bank (n.d.). 16 Decisions. https://grameenbank.org/16-decisions/.

3. Hossain, S. (2019 May 30). Grameen-Bank and BRAC – Two of the Largest Social Enterprises in the World. Hot Cubator. https://hotcubator.com.au/social-entrepreneurship/grameen-bank-and-brac-two-of-the-largest-social-enterprises-in-the-world/.

4. Humberg, K., & Braun, B. (2014). Social business and poverty alleviation: Lessons from Grameen Danone and Grameen Veolia. In Social Business. Springer, Berlin, Heidelberg, pp. 201-223.

5. Shorrocks, A, Davies, J & Liuberas, R (2018). Credit Suisse Wealth Databook 2018, Credit Suisse.

6. Yunus, M. (2007). Banker to the poor: Micro-lending and the battle against world poverty. PublicAffairs.

7. Yunus, M. (2010a). Building social business: The new kind of capitalism that serves humanity's most pressing needs. PublicAffairs.

8. Yunus, M. (2010b). Social Business: A Step Toward Creating a New Economic and Social Order (No. id: 2383).

9. Yunus, M. (2017a). The New Economics of Zero Poverty, Zero Unemployment, and Zero Net Carbon Emissions. Dhaka: University Press Limited.

10. Yunus, M., Moingeon, B., & Lehmann-Ortega, L. (2010). Building social business models: Lessons from the Grameen experience. Long range planning, 43 (2-3), pp.308-325.

11. 余秋婷與伍啟衛 (2017 年 1 月 16 日)。樂施會：八大富豪身家 等於全球一半最貧窮人口財產。香港 01。https://www.hk01.com/article/65931?utm_source=01articlecopy&utm_medium=referral

12. 社企流 (2014)。< 社企力！社會企業＝翻轉世界的變革力量。用愛創業，做好事又能獲利！> 台北：果力文化，頁 16-18。

13. 謝家駒 (2012)。資本主義經濟的未來在陸人龍、李正儀及謝家駒。< 我們可以改變世界：香港社企領袖及創業家文集。香港：雲起文化出版公司，頁 24-27。

第四講

1. British Council(2020). The State of Social Enterprise in Hong Kong. https://www.britishcouncil.org/sites/default/files/british_council_hong_kong_social_enterprise_web_final.pdf。

2. Moller, J. O. (2009). Political Economy in a Globalized World. World Scientific Publishing Co. Pte. Ltd.

3. 大公報 (2012 年 6 月 15 日)。K16。《大公報》。

4. 新華社 (2021 年 04 月 06 日)。《人類減貧的中國實踐》白皮書。人民網。取自 http://politics.people.com.cn/BIG5/n1/2021/0406/c1001-32070595.html。

5. 林以涵與林冠吟 (2016)。〈2016 年度調查：最適合發展社會企業的十個國家〉。《社企流》。取自 https://www.seinsights.asia/article/3291/3268/4438

6. 羅文華 (2022)。香港社會企業面臨的困難及改善建議。灼見名家。取自：(https://www.master-insight.com/%e7%be%85%e6%96%87%e8%8f%af%ef%bc%9a%e9%a6%99%e6%b8%af%e7%a4%be%e6%9c%83%e4%bc%81%e6%a5%ad%e9%9d%a2%e8%87%a8%e7%9a%84%e5%9b%b0%e9%9b%a3%e5%8f%8a%e6%94%b9%e5%96%84%e5%bb%ba%e8%ad%b0/)。

7. 譚穎茜 (2014)。〈香港社企何去何從在社會企業。如何推動社會創新之路〉，社聯政策報 2014 年 10 月第十七期，香港社會服務聯會。

8. 趙立基 (2020 年)。〈疫情下殘障人士就業再思〉。《香港商報》。取自 http://www.hkcd.com/content/2020-06/12/content_1197318.html。

9. 趙立基與紀治興 (2013)。〈香港社會企業政策的投資回報〉。《留給梁振英的棋局：通析曾蔭權時代》香港：香港城市大學出版社。

10. 香港特別行政區 (2010)。《立法會四題：推動社會企業》，政府新聞網，取自 https://www.info.gov.hk/gia/general/201010/27/P201010270133.htm。

11. 香港特別行政區 (2019)。《陳茂波：增撥資源推動社企發展》，政府新聞網，取自 https://www.news.gov.hk/chi/2019/03/20190324/20190324_102416_148.html。

12. 香港特別行政區立法會 (2008)。《研究有關滅貧事宜小組委員會：有關社會企業的發展的報告》，文件編號：CB (2) 2390/07-08，香港：香港特別行政區立法會。

13. 香港特別行政區立法會 (2016)。《香港及英國的社會企業》，香港特別行政區立法會網，取自 https://www.legco.gov.hk/research-publications/chinese/essentials-1617ise05-social-enterprises-in-hong-kong-and-the-united-kingdom.htm。

14. 香港特別行政區立法會 (2021)。《立法會資訊科技廣播事務委員會：「社會創新及創業發展基金」簡介及注資建議》，文件編號：CB (1) 416/20-21 (03)，香港：香港特別行政區立法會。

15. 香港特別行政區統計處 (2020)。從綜合住戶調查所得的社會資料：第 63 號專題報告書 (殘疾人士及長期病患者)。

16. 香港社會服務聯會 (2020)。《社企指南 2020/21》，取自 https://www.hkcss.org.hk/%E3%80%8A%E7%A4%BE%E4%BC%81%E6%8C%87%E5%8D%972020-21%E3%80%8B%EF%BC%88%E7%B6%B2%E4%B8%8A%E7%89%88%EF%BC%89%E7%8F%BE%E5%B7%B2%E5%87%BA%E7%89%88/

17. 香港社會服務聯會 (2023)。《社企指南 2023/24》數字概覽，取自 https://www.hkcss.org.hk/%E3%80%8A%E7%A4%BE%E4%BC%81%E6%8C%87%E5%8D%972022-23%E3%80%8B%E6%95%B8%E5%AD%97%E6%A6%82%E8%A6%BD/

第五講

1. Au, L., & Tsoi, M.(2005). Case 8: Stewards Ltd. – Teabox (Part A). Center for Entrepreneurship Faculty of Business Administration The Chinese University of Hong Kong & HKCSS.

2. Bagnoli, L., & Megali, C. (2011). Measuring performance in social enterprises. Nonprofit and Voluntary Sector Quarterly, 40(1), 149-165.

3. Chui, L. K.(2008). Tea Box. In Joint International Conference of The Hong Kong College of Psychiatrists and the Royal College of Psychiatrists (UK).

4. Dees, G., Anderson, B. B., & Wei-Skillern, J. (2004). Scaling Social Impact. Stanford Social Innovation Review.

5. Kasimov, I. (2017) . Startup Critical Analysis and Reasons for Failure for The Iaarhies International Conference on Business and Economics.

6. Kee, C.H. & Chiu, L.K. (2013) Research on Social Return on Investment (SROI) of "Enhancing Employability of People with Disability through Small Enterprise" (3E) Project 2013 Fullness Social Enterprise Society

7. Manning, N. (1987). What is a social problem?. The state or the market. London: Sage.

8. Osterwalder, A., Pigneur, Y., Oliveira, M. A. Y., & Ferreira, J. J. P. (2011). Business Model Generation: A handbook for visionaries, game changers and challengers. African journal of business management, 5(7), 22-30.

9. Paton, R. (2002). Managing and measuring social enterprises. Managing and Measuring Social Enterprises, 1-208.

10. Rykaszewski, S., Ma M., & Shen, Y. (2013). Failure in Social Enterprise. University of Toronto, pp11-22

11. Yunus, M. (2010). Building social business: The new kind of capitalism that serves humanity's most pressing needs. PublicAffairs.

12. 張博宇、劉希彤與葉松鑫（2017）。社會效益評估指南。香港：團結香港基金。

13. 施永青 （2007 年 5 月 30 日）。《老施週記》。

14. 紀治興與趙立基（2013 年 10 月 24 日）。〈如何清除社會企業政策的盲點與茫點〉。《信報》。

15. 趙立基（2012 年 9 月 27 日）。〈社會企業營運對非牟利組織的深層意義與影響〉。《信報》。

16. 趙雨龍 (2004)。《香港僱主對精神病康復者工作能力的看法研報告》。香港：香港浸會大學及香港神托會。

17. 香港社會企業總會（2022）。香港社會企業總會年報 2022。香港：香港社會企業總會。

18. 香港社會服務聯會（2014）。童心飯堂社會影響評估報告。香港：香港社會服務聯會。

19. 香港神托會（2021）。香港神托會年報 2021。香港：香港神托會。

第七講

1. Graham, J. (2019, March 4). Is social enterprise part of the elite charade of changing the world? Medium. https://medium.com/here-and-now/is-social-enterprise-part-of-the-elite-charade-of-changing-the-world-2d141bb3ce6f

2. NPOst 編輯室 (2019 年 12 月 16 日)。關於《大誌》、街友與勞雇，我們是否還有更多可能？取自 https://csr.cw.com.tw/article/40779

3. 余孟勳 (2016 年 9 月 9 日)。余孟勳專欄／在針尖上起舞：社會企業的概念與現實。取自 https://npost.tw/archives/27785

4. 余孟勳 (2018 年 12 月 3 日)。海嘯之後，社會企業是否能帶領我們前往應許之地？／《社企是門好生意？》推薦序 (余孟勳)。取自 https://npost.tw/archives/49041

5. 徐沛然 (2018 年 12 月 10 日)。《大誌》：幫助街友的一份雜誌？／《社企是門好生意？》書摘。取自 https://npost.tw/archives/49131

6. 徐沛然 (2018)。《社企是門好生意？社會企業的批判與反思》台北：時報文化。

7. 紀志興、關志康、陳國芳、葉漢浩、李駿康、葉菁華……龔立人 (2013)。《社會效益的實踐反思在紀治興》。香港：基督教文藝出版社。

8. 褚士瑩 (2018 年 12 月 3 日)。褚士瑩：社會企業並不是解決社會問題的萬靈丹，社會參與最重要的是「態度」／《社企是門好生意？》推薦序。取自 https://npost.tw/archives/48980

9. 趙立基與羅金義 (2019 年 4 月 3 日)。「良心」免受批判？ ——《社企是門好生意？》讀後感。《眾新聞》。

10. 趙立基與羅金義 (2019 年 5 月 2 日)。監察就等如否定嗎？《社企是門好生意？社會企業的批判與反思》讀書會後記。《眾新聞》。